CW01636227

TRĂIEȘTE AUTENTIC

Lecții de fericire
de la un psihoterapeut

DESPRE AUTOR

Andreea este psiholog clinician, psihoterapeut cu formare cognitiv-comportamentală şi hipnoză Ericksoniana, coach pentru femei şi copywriter al site-ului Arta Educaţiei.

Are o vastă experienţă în lucrul cu oamenii şi pune accent pe vindecarea emoţională şi optimizarea comportamentală, folosind, în procesul de psihoterapie, diverse tehnici eficiente dar şi hipnoză, pentru cei ce doresc o soluţionare rapidă.

Este autor al cărţilor Trăieşte autentic - Lecţii de viaţă de la un psihoterapeut şi Ziua în care m-am iubit cu adevărat, disponibile pe www.bookzone.ro.

Mai multe despre ea găsiţi pe site-ul www.artaeducaţiei.ro, pe paginile de Facebook ArtaEducaţiei şi Psiholog Andreea Săvulescu şi o puteţi contacta pe adresa de email **contact@artaeducatiei.com**.

ANDREEA SĂVULESCU

TRĂIEȘTE AUTENTIC

Lecții de fericire de la un psihoterapeut

Bookzone
BUCUREȘTI, 2019

Grafică de copertă: Maria Stoian

Editura Bookzone
Şoseaua Berceni nr. 104, sector 4 Bucureşti
Comenzi şi informaţii:
Telefon: +40 774 091.579; +40 770 584.429
E-mail: office@bookzone.ro

www.bookzone.ro

CUPRINS

POVESTEA MEA

Iubesc viața bucățică cu bucățică, atom cu atom. Cred cu tărie în libertatea de alegere, în afirmare, în posibilitatea de a crea tot ceea ce ne dorim să creăm. Merg pe principiul că succesul şi eşecul sunt cele două fațete ale aceleiaşi monede şi că deținem capacitatea de a o întoarce după cum vrem noi.

Iubesc oamenii şi-mi place să cred că şi ei mă iubesc. Sunt tolerantă şi încerc să descopăr frumusețea din fiecare om. În timp ce unii caută defecte şi judecă, eu caut calități şi ofer prezumții de nevinovăție. Nu încerc să schimb lumea, sunt reguli şi principii mult prea bine înrădăcinate în personalitatea noastră colectivă, îmi doresc doar ca cei care intră în contact cu mine să fie mai fericiți, mai conştienți de valoarea lor, mai încrezători, mai curajoşi, mai determinați, mai împliniți spiritual...

*

M-am născut la oraş, dar mi-am petrecut mare parte din copilărie la țară. Sunt recunoscătoare pentru că am trăit această experiență. Am crescut la bunici, în bătătură, dar cunosc foarte bine şi noțiunea de „joacă în jurul blocului", cu cheia de gât. Am avut ocazia de a culege roşia direct din grădină, dar şi de a o cumpăra de la piață. Am umblat desculță pe uliță, dar am avut şi pantofi de lac al căror sunet emis la contactul cu asfaltul mă hipnotiza şi-mi umplea sufletul de bucurie. Am avut şi pantaloni jerpeliţi şi îmbâcsiţi de noroi, dar şi fustă de blugi, rochie de pânză topită şi costum de balerină.

Am trăit primăveri adevărate cu iz de narcise şi zambile, veri călduroase cu nisip fierbinte ce se hrăneşte cu tălpi goale de copil fericit, toamne arămii, cu gust de plăcintă de mere sau dovleac, înfulecată cu poftă în grădiniţa explodând de tufănele colorate, dar şi ierni friguroase cu miros de omletă cu jumări, numai bună să-ţi potolească foamea după o zi de joacă cu sania pe derdeluş, cu obrajii roşii, îngheţaţi, trădând nerăbdarea de a-l întâmpina pe Moş Crăciun, la gura sobei arzând.

M-am bucurat de străbunici, de bunici, de părinţi, de mătuşi, de verişoară şi de frate şi am învăţat câte ceva de la fiecare.

Nu prea am avut păpuşi... Probabil, asta este motivul pentru care acum mă uită Dumnezeu cu orele în magazine pe la rafturile cu Barbie & Co. Mă trezesc holbându-mă şi îmi amintesc de Sandy Bell şi de Alice în Ţara Minunilor, desenele copilăriei mele, văzute la televizorul nostru alb negru, pe lămpi.

Una peste alta, am fost un Tom Boy, varianta românească. Până la vârsta de şapte ani, înainte să apară frate-miu, am avut teancuri de jucării: tractoraşe, trenuleţe, maşinuţe, autobuze, basculante şi... da, îmi amintesc, mai târziu, vreo două păpuşi pe care îmi exersam abilităţile de viitoare „doctoriţă". Taică-miu era terorizat, erau momente când se făcea coadă la noi la uşă, de părinţi ai căror copii „şi-o luau pe coajă" de la mine, în general băieţi. Am fost o rebelă de mică, nu am permis nimănui să mă agreseze, nu fizic, şi m-am apărat din fragedă pruncie. Am mai dat şi din exces de zel din când în când, recunosc... Geamurile de la uşa scării blocului le-au spart de fiecare dată cei care mă alergau pentru a-mi pedepsi sinceritatea debordantă de copil căpos cu limba ascuţită, care împrăştie constant venin...

Am învățat de mică ce este munca și cum se câștigă banii. La țară, e mult de lucru și n-am scăpat de cărat gălеți cu apă de la fântână până în grădina de zarzavat... Vrei hrană, muncești pentru ea! Vrei bani, muncești pentru ei! Și pentru că da, voiam de toate, am învățat să culeg via, porumbul, ceapa, cartofii, tutunul... Nu pot uita mirosul tutunului înțepat de o andrea imensă, înșirat pe ața groasă țărănească și întins pe toate gardurile, la uscat. Bunicul îl vindea și ne dădea bani toamna, înainte să începem școală. Entuziasmați că primeam recompensă pentru munca noastră, ne cumpăram hăinuțe pentru școală.

Acasă, mama m-a învățat că dacă o ajut la curățenie primesc bani ca răsplată. Din toată modestia ei, a știut cum să mă stimuleze atunci. Nu m-am ferit de muncă și mi-am dorit mereu să fiu independentă. Am lucrat pentru prima dată, cu adevărat, în vacanța de vară dinainte de clasa a XII-a, la un magazin din cartier, în apropiere de blocul meu. Magazinul copilăriei noastre, cu gume turbo, semințe vărsate, sifon și suc la dozator, iar mai târziu celebrele Bazzaconi, vrac.

*

Îmi amintesc că am suferit mult în vacanța de după terminarea clasei a doua. Toți copiii erau la joacă în jurul blocului, iar eu nu aveam voie să ies decât dacă citeam 20 de pagini pe zi. Ai mei n-au avut bibliotecă. Aveam doar un raft cu cărți vechi, majoritatea cu paginile devenite aurii, semn al trecerii timpului. Așa că împrumutam de la rude, vecini și de la biblioteca județeană. Până să știu eu ce-i bun pentru vârsta mea, maică-mea, în modestia ei, m-a cam chinuit cu cărți greoaie și nepotrivite. De asta, inițial, nu am înțeles nimic din "Pădurea Spânzuraților", doar am citit-o în clasa a III-a...

Treptat, revolta, indignarea şi furia pe care le-am simţit la început, când eram obligată să citesc, s-au transformat în plăcere şi pasiune, astfel încât adolescenţa mi-am petrecut-o pe tărâmul cărţilor. O să le fiu recunoscătoare toată viaţa părinţilor mei pentru asta.

Ai mei au muncit din greu pe la patroni care îi dezumanizau şi îi tratau ca pe nişte sclavi şi mi-am trăit viaţa privindu-i cum se zbat să crească doi copii. Mereu m-au încurajat şi m-au susţinut în a face ceea ce îmi place, ceea ce-mi doresc şi, din puţinul lor, au reuşit să ne ofere o educaţie adecvată, astfel că azi consider că nu îmi este ruşine cu mine, de mine, de cei din jur. Nu mi-e ruşine de ceea ce am devenit şi sunt extrem de mândră de familia mea.

Mama mi-a spus mereu că pentru a reuşi în viaţă e necesar să învăţ, să studiez, să dau tot ceea ce e mai bun din mine. Şi, din salariile lor umile, au găsit întotdeauna finanţe pentru meditaţii, cursuri şi cărţi. Taică-miu are 10 clase, dar lucrează ca gestionar. La 48 de ani face cursuri peste cursuri. Este dovada clară că, dacă vrei să evoluezi, poţi, indiferent de educaţia primită în şcoală, indiferent de vârstă. I-am apreciat întotdeauna pentru valorile pe care ni le-au insuflat, pentru felul în care ne-au crescut, pentru sacrificiile pe care le-au făcut şi pentru faptul că ne-au oferit libertatea de a alege ce vrem să facem cu viaţa noastră.

*

Eram la ţară la bunici, când am primit primul meu set cu instrumente medicale, de plastic, evident. M-a fascinat stetoscopul în aşa măsură încât am rămas fidelă gândului de a urma medicina până în clasa a VIII-a, când, tot insistând în convingerea mea că asta mi-e menirea, profesoara de chimie m-a întrebat: "Tu chiar nu vrei să renunţi la gândul ăsta? Pentru medicină, ai nevoie de chimie, iar tu nu te pricepi." În mintea mea de copil necopt mi-a intrat ideea că nu sunt bună pentru aşa ceva. Şi cum imaginea mea de sine nu era prea bine conturată pe atunci, am renunţat. Dacă ar fi să privesc la trecut, acesta ar reprezenta poate singurul meu regret şi ar fi singurul lucru pentru care mi-aş dori să se fi inventat maşina timpului. Poate, nu degeaba se spune că psihologii sunt medici rataţi...

Totuşi, mi-am păstrat convingerea că sunt menită să fac ceva măreţ, să ajut, să-mi las amprenta asupra a ceva. Şi pentru că eu însămi aveam temeri şi nevoi emoţionale nesatisfăcute, am început să caut răspunsuri în cărţi de dezvoltare personală. Atunci mi s-a aprins un beculeţ şi, ca în cazul personajelor din benzile desenate, s-a conturat deasupra mea o bulă în care scria cu majuscule: „ASTA ESTE VOCAŢIA TA!"

De atunci a început călătoria mea pe calea dezvoltării personale şi au fost necesari ani buni de studiu intens, de încercări, de nereuşite, de revolte, conflicte interioare, dar şi exterioare, pentru a-mi da seama că răspunsurile nu vin din exterior, ci trebuie căutate adânc în mine.

După mulţi ani, am reuşit să mă cunosc în profunzime, să-mi conturez eul, independent de părerile celorlalţi, astfel încât astăzi am ajuns într-un punct al existenţei mele în care realizez că, spre deosebire de altădată, acum nu-mi mai pasă atât de ceea ce zic alţii. Am învăţat să mă detaşez, să-mi conştientizez defectele, să lucrez la ele, să-mi accept calităţile şi să le folosesc în scopuri creatoare... Am învăţat să recunosc că am greşit şi să-mi cer iertare, dar cel mai important, am învăţat să iert.

Cărţile de dezvoltare personală, psihologia şi experienţele, m-au ajutat să îmi explic multe. De la lucruri complicate la comportamente banale, de la mâncatul compulsiv la fobia socială şi respingerea celorlalţi. Sunt lucruri care acum îmi sunt mai clare ca oricând.

Aşa am ajuns să înţeleg că modestia, pe care a încercat să mi-o insufle mama mea, a fost transformată de mine în neîncredere în propria persoană. Aşa am înţeles că, deşi ai mei au încercat să îmi arate calea cea bună pentru a nu face greşeli care să-mi producă suferinţă, totuşi, suferinţa este inevitabilă şi de cele mai multe ori constructivă. Aşa am învăţat că, dacă vrei ca ceilalţi să nu te mai respingă e necesar să încetezi să mai respingi chiar tu o parte din tine. Aşa am învăţat că, dacă vrei să te placă ceilalţi e necesar ca mai întâi să te placi tu. Aşa am învăţat că, oricât de mult te-ai iubi, nu te poate iubi toată lumea, nu te poate aprecia toată lumea, nu pot toţi să te aprobe, iar asta nu ţine întotdeauna de tine.

Aşa am învăţat că, oricât de mult aş alerga în căutarea fericirii, ea nu poate fi găsită în exterior şi că, pentru a-i descoperi esenţa, e necesar să sap adânc în galeriile sufletului meu, demult neexploatate, lăsate în paragină.

CAPITOLUL I

VIAȚA TRĂITĂ AUTENTIC, CALEA CĂTRE FERICIRE

CE ESTE VIAȚA TRĂITĂ AUTENTIC?

Îmi imaginez că ceea ce ne aduce împreună în acest punct al existenței noastre, se cristalizează în dorință. Dorința de a afla ce este acel „ceva" pe care fiecare dintre noi îl caută obsedant, instinctiv, impulsiv, inconştient sau conştient, pe parcursul vieții. Dorința de a trăi autentic, de a ne intersecta cu fericirea şi de a ne demonstra că ea nu este doar un cuvânt în dicționar, că nu este doar o enigmă. Eşti conştient de asta, da?

A trăi autentic presupune a trăi veritabil, original, conform cu sinele tău real. A trăi autentic presupune a trăi fără perdea, a te arăta exact aşa cum eşti, fără teama de a fi criticat, de a fi respins sau judecat. A trăi autentic presupune a te iubi pentru ceea ce eşti şi a acționa în consecință cu ceea ce te defineşte, învingându-ți temerile.

Zilnic jucăm diverse roluri şi dezvăluim diverse fațete ale sinelui nostru. Adevărul este că suntem nişte actori grozavi, gata oricând să învățăm cu uşurință un nou rol şi un nou scenariu. Rolurile din filmul vieții noastre devin a doua noastră natură încă de mici. Pe măsură ce creştem, alegem din multitudinea de fațete ceea ce credem că ne foloseşte, ceea ce considerăm că ne poate duce pe calea acceptării sociale. Nimeni nu-şi doreşte să se simtă sau să pară prost, nimeni nu-şi doreşte să nu fie iubit sau să fie respins, nimeni nu vrea să fie ignorat. În fiecare moment, suntem ghidați de dorința de a fi parte din ceva. Aşa că mințim, ascundem, negăm, totul pentru a primi aprobarea. Apoi ne întrebăm unde ne este energia şi ce culoare are fericirea aia despre care se tot vorbeşte în filme şi în cărți.

Viața trăită autentic este calea către fericire. Iar fericirea nu este destinația, ci calea în sine. Ca să o experimentezi este necesar să devii conştient de viața ta, de tine, de puterea ta, să te accepți, să preiei controlul şi să-ți asumi responsabilitatea pentru propria viață, să îți iei angajamentul şi să adopți comportamente care îți vor aduce beneficii pe termen lung.

De mii de ani, oamenii încearcă să afle ce este fericirea. Are ea gust, culoare, miros? O vezi, o auzi, o simți? Are formă, e palpabilă sau e doar în imaginație? Dacă ar fi concretă, i-aş face loc în tabelul lui Mendeleev pentru că eu consider că fericirea este un element „sine qua non".

Chiar dacă viața ne pune la grele încercări, chiar dacă suferim şi, uneori, sufletul nostru se sparge în mii de fărâme, chiar dacă lucrurile nu ies aşa cum ne-am dori, niciodată nu încetăm să visăm. De multe ori, în secret, visăm că dăm mâna cu fericirea şi că o privim în ochii ei negri şi suficient de profunzi pentru o expediție de-o viață, sau strălucind acvamarin, dansându-ne în față, jonglând între albastru şi verde, măcar pentru o clipă, pentru un moment.

CONVINGERILE CARE BLOCHEAZĂ ACCESUL FERICIRII ÎN VIAȚA TA

Suntem obişnuiți să renunțăm. Ne dăm bătuți uşor şi ne forțăm să acceptăm lucrurile aşa cum sunt, fără a mai încerca să schimbăm ceva. Şi, cu toate că încercăm să ne întipărim în subconştient convingerea că fericirea este doar un mit, nutrim încă speranța că într-o zi o vom simți pe propria piele, o vom trăi, o vom experimenta.

De ce?

Pentru că fericirea face parte din natura umană. Pentru că auzim o voce interioară, care, deşi slabă, ne şopteşte constant că fericirea e pe gratis şi că avem din naştere dreptul de a fi fericiți! şi pentru că omul este singura ființă de pe pământ care are capacitatea de a se proiecta pe sine în viitor, de a se imagina pe el în anumite ipostaze.

Şi atunci, ce ne împiedică să fim fericiți?

Adevărul este că cel mai mare factor care te împiedică să experimentezi fericirea autentică îl reprezintă barierele create de convingerile limitative din mintea ta. Convingerile acționează la nivelul subconştientului şi prind rădăcini pe parcursul vieții. Dacă le ignorăm, ele ne privează de viitorul pe care îl merităm, de fericirea pe care avem cu toții dreptul să o trăim. Dacă acum nu eşti fericit, înseamnă că e ceva ce crezi la nivel inconştient şi care te ține blocat.

Este, aşadar, esențial să descoperim aceste convingeri, pentru că atât timp cât vor rămâne ascunse, ele vor avea puterea de a ne dicta direcția în care să se îndrepte viețile noastre. Şi cu toții vrem să mergem în direcția fericirii, nu-i aşa?

Stai în gardă şi identifică convingerile care te împiedică să urci o treaptă către un nivel superior!

Îţi voi prezenta în continuare douăsprezece convingeri care blochează accesul fericirii în viaţa ta şi care te împiedică să te simţi demn de darurile pe care Universul vrea ca tu să le primeşti.

Crezi că fericirea depinde de ceea ce se întâmplă în jurul tău. Dacă aştepţi ca circumstanţele din viaţa ta să fie favorabile, iar problemele tale să dispară pentru a-ţi permite să fii fericit, atunci, probabil, nu vei trăi niciodată fericirea autentică. Una dintre căile către fericire constă în a învăţa să fii fericit indiferent de ceea ce se întâmplă în jurul tău. Fericirea este o alegere pe care o facem atunci când decidem să ne concentrăm asupra lucrurilor care se găsesc în interiorul nostru. Lumea nu este perfectă, iar lucrurile nu vor fi niciodată aliniate în aşa fel încât să fim complet mulţumiţi, iar dacă îţi refuzi fericirea în alte condiţii decât acestea, nu vei ajunge să-i cunoşti sensul.

Crezi că fericirea ta depinde de alte persoane. Ce spune despre tine faptul că aştepţi ca altcineva să-ţi servească porţia de fericire, eventual, pe o tavă de argint? Eşti o fiinţă care deţine controlul asupra propriei vieţi sau dai dovadă de pasivitate? Depinde fericirea ta de reacţiile celor din jur? Simţi nevoia de a le face pe plac celorlalţi pentru că aprobarea lor te face fericit? Te simţi mizerabil dacă nu primeşti validare, aprobare, apreciere?

Convingerea că fericirea ta stă în mâinile altcuiva te transformă într-un om dependent, într-un neputincios a cărui bunăstare depinde de prezenţa altei persoane. De ce ai vrea să-i dai cuiva asemenea putere asupra ta? Acceptă că tu eşti singurul responsabil de propria viaţă, de fericirea sau nefericirea ta şi că e cazul să preiei controlul, să te implici activ în crearea realităţii tale, a propriului tău univers. Tu eşti cel care deţine puterea, asumă-ţi asta!

Consideri că nu meriţi să fii fericit sau că fericirea trebuie câştigată. Vrei să trăieşti o viaţă autentică, împlinită? Atunci e necesar să depăşeşti convingerea că nu eşti demn de a fi fericit pentru că ai defecte sau nu eşti aşa cum vor ceilalţi. Există în noi acea tendinţă umană de a ne întoarce la perfecţiunea originară. Sună clişeic, dar nu există perfecţiune şi toţi oamenii merită, în egală măsură, să cunoască fericirea, indiferent de defectele lor. Unii învaţă să îşi accepte propria valoare şi se consideră vrednici de a trăi măreţ, construindu-şi o imagine de sine solidă, alţii nu-şi dau voie să trăiască sentimente pozitive profunde. Ce variantă crezi că este în beneficiul tău?

Crezi că fericirea este dependentă de succesul pe plan material. Sigur că planul material îţi oferă anumite beneficii, îţi satisface o parte din nevoi, dar, în general, fericirea dependentă de palpabil este o flacără ce se stinge la prima adiere a vântului. Or tu cauţi fericirea autentică, aşa-i? Acea fericire care ia naştere în interior şi care-şi păstrează intensitatea independent de factorii externi. Dacă tu îţi cultivi bunăstarea interioară astfel încât să trăieşti fericirea indiferent de împrejurări, devii mai conştient de oportunităţile care se ivesc şi profiţi cu uşurinţă de ele, iar succesul tău material, emoţional, dar şi spiritual, nu întârzie să apară.

Crezi că nu eşti suficient de deştept, atractiv, aspectuos sau bogat pentru a te bucura de fericirea autentică. Această convingere are oarecum legătură cu cele două enunţate mai sus. Consideri că nu eşti un om suficient de bun, încât să meriţi fericirea şi că acest sentiment mult râvnit este creat de circumstanţe pe care nu le poţi controla? Află că nu circumstanţele ar trebui să ne creeze pe noi, ci noi ar trebui să creăm circumstanţele. Nu există niciun motiv raţional pentru care să consideri că mai mulți bani sau o înfățișare diferită îți pot aduce fericirea mult râvnită. Sunt foarte mulți oameni bogați, frumoşi şi de succes care nu sunt fericiți şi mulțumiți cu viețile lor. Repet, am fost învățați să credem că factorii externi ne determină fericirea când, în realitate, fericirea ia naştere în interior. Fericirea vine odată cu acceptarea propriei persoane şi conectarea cu sinele autentic. Devii mai fericit atunci când îți permiți să îmbrățişezi şi să experimentezi în profunzime provocările şi frumusețile vieții.

Crezi că fericirea este la îndemână, chiar după colț. Dacă fericirea ar avea haine pământeşti, crezi că s-ar ascunde după colț? Asociezi fericirea cu pozitivismul, de ce crezi că ar fugi de tine? Alergi pe cărări întortocheate, nu crezi că ar trebui să sapi adânc în interior? Fericirea e în tine, poate ar fi cazul să începi să exploatezi comorile interioare. Lasă-te purtat în brațele bucuriei pure, izvorâte din adâncul ființei tale divine!

Consideri că fericirea este posibilă doar în poveşti. Se spune că fiecare poveste are un sâmbure de adevăr. Poate că această convingere este întemeiată, poate înfățişarea ta trădează urme ale unor dureri adânci, profunde, colosale, dar asta nu înseamnă că trebuie să devii întruchiparea resemnării. Deții o formidabilă forță care îți permite să atingi o stare de exaltare sufletească vecină cu extazul, de ce alegi să îți exerciți puterea autodistrugerii? Fericirea nu este o himeră, crezi în ea şi va deveni realitatea din poveşti!

Crezi că fericirea e pentru oricine altcineva în afară de tine. Dacă fericirea ar fi o loterie, atunci poate s-ar bucura de ea o persoană la un milion. Şi totuşi, procentul oamenilor care trăiesc o stare profundă de beatitudine este mai mare de atât. Nu sunt multe lucruri raționale care să susțină aceste convingeri limitative ale tale, aşa că are rost să-ți consumi energia alimentându-le? Cum crezi că ar arăta viața ta dacă ai schimba aceste convingeri cu unele care să îţi aducă beneficii? Te-ai întâlni cu fericirea atunci?

Trecutul tău dificil te determină să crezi că fericirea este ceva de neatins. Cei mai mulţi oameni se plâng că viaţa este grea şi că nu stă în puterea noastră să fim fericiţi. Dacă asta este şi convingerea ta, nu e de mirare că trăieşti cu greu, eşti cu adevărat blocat în trecut! Freud spune că fericirea nu este altceva decât o suspendare a durerii. Aşadar, cu cât este mai mare durerea, cu atât este mai intensă fericirea. Oricât de mult ai suferi, ţine minte că drumul învingătorilor e înainte, suntem copiii Universului, iar Universul abundă în fericire. Mergi înainte şi o vei cunoaşte!

Crezi că fericirea este trecătoare şi fragilă. Ca toate emoţiile pe care le trăim, fericirea poate avea perioade de flux şi reflux. De aceea, este imperios necesar să construieşti în interior o fundaţie solidă de fericire, care să constituie un suport pentru tine în momentele în care întâmpini dificultăţi. În acest mod, orice s-ar întâmpla în viaţa ta, te vei putea oricând folosi de resursele interioare pentru a merge mai departe.

Consideri că a fi fericit este echivalent cu a fi iresponsabil. Eşti iresponsabil dacă nu preiei controlul asupra propriei existenţe şi refuzi să accepţi în viaţa ta lucruri minunate. Fericirea este energie şi aduce cu sine o stare de spirit agreabilă, exaltare, speranţă, disponibilitate către acţiune, implicare. Dacă te bucuri de darurile vieţii nu înseamnă că eşti iresponsabil şi acţionezi impulsiv, înseamnă că eşti credincios propriei fiinţe, că îţi eşti fidel!

Crezi că este greşit să trăieşti fericirea autentică într-o lume în care există atâta suferinţă. Oriunde în lume există suferinţă. Oamenii trăiesc pierderi, dureri şi dificultăţi, iar compasiunea reprezintă o calitate nepreţuită. Totuşi, în ce măsură nivelul fericirii tale influenţează nefericirea altuia? Un om fericit deţine capacitatea de a-i ajuta şi pe alţii să iasă din impas şi să caute pasiunea într-o lume a rutinei. Dacă îţi impui să suferi privându-te de fericire, nu faci altceva decât să creşti procentul de nefericire umană. Nu este un păcat să fii fericit, este un păcat să trăieşti nefericit! Când tu eşti fericit şi nevoile tale interioare pe deplin satisfăcute, eşti capabil să oferi dragoste, confort şi ajutor. Vrei să fii parte din problemă sau parte din soluţie?

Fericirea există în toate mărunţişurile vieţii. Deseori, nu reuşim să o vedem pentru că mintea, inima şi spiritul sunt bântuite de convingeri neadecvate, care ne limitează şi ne ţin pe loc. Din fericire, conştientizarea acestor convingeri ne permite să le înlocuim cu unele noi, care fac cinste fiinţei noastre. Te încurajez să foloseşti metoda afirmaţiilor pentru a crea nişte patternuri de gândire noi, curate şi constructive!

Iată câteva afirmaţii care te pot ajuta să îţi reconstruieşti structură interioară şi să dobândeşti o nouă perspectivă asupra vieţii:

- *Am tot ceea ce îmi este necesar în interiorul meu şi îmi creez propria fericire.*
- *Învăţ să accept faptul că merit fericirea.*
- *Orice s-ar întâmpla în jurul meu, deţin în interior resurse de fericire.*
- *Fericirea este la îndemâna mea.*
- *Fericirea este esenţa mea.*
- *Îmi permit să îmbrăţişez fericirea care sălăşluieşte în sufletul meu.*
- *Deţin tot ceea ce e necesar pentru a fi fericit.*
- *Fericirea mea depinde doar de mine.*
- *Sunt îndreptăţit să simt fericirea.*
- *Radiez de fericire şi bucurie.*

CAPITOLUL II
COMPONENTELE FERICIRII

CONŞTIENTIZAREA

Cum arăta viața ta în acest moment?

Se dă următorul scenariu:

Nu-ți place jobul tău, dar e stabil şi nu renunți la el, îți oferă un venit care-ți permite să supraviețuieşti. Eşti într-o relație care te nemulțumeşte, dar căreia nu îi pui punct chiar dacă inima ta e ofilită şi nu mai există pic de pasiune. Ai câțiva prieteni cu care ieşi din când în când pentru a vă împărtăşi păsurile. Serviciul îți ocupă cea mai mare parte din timp şi nu te mai îngrijeşti de tine sau de pasiunile tale. Faci zilnic cam acelaşi lucru şi te consolezi cu gândul că asta e viața şi că suntem toți în aceeaşi oală. Te-ai împăcat cu ideea că fericirea este pentru cei bogați sau că există doar în filme. Te-ai urcat în barca vieții şi te rogi ca vântul să te ducă într-o direcție favorabilă şi să te ferească de stâncile care ți-ar putea ieşi în cale.

Aş vrea acum să îți iei un timp pentru a-ți răspunde la următoarele întrebări:

Viața ta se rezumă la satisfacerea nevoii de securitate sau tânjești către mai mult?

Te simți împlinit sau frustrat?

Te trezești plin de entuziasm, gata să începi o nouă zi sau amâni ceasul cât poți de mult?

Ești odihnit și energic sau te simți slăbit și ai un somn agitat?

Visezi sau ai coșmaruri?

Trăiești responsabil sau îți e greu să îți iei angajamente?

Trăiești alb - negru sau trăiești în culori?

Trăiești previzibil sau înfăptuiești lucruri mărețe?

Te supui sau ești deschizător de drumuri?

Trăiești viața ta sau trăiești viața celor care vor să se desăvârșească prin tine?

Trăiești conștient sau ești doar un somnambul treaz?

Ești fericit, mulțumit, satisfăcut cu viața pe care o ai?

Multe întrebări, grele răspunsuri... Grele, dar necesare pentru a afla dacă ești la cârma vieții tale sau funcționezi pe modul pilot automat!

Mulți oameni trăiesc în ceață, se mint singuri și ignoră realitatea. Nu trăiesc conștient și sunt nefericiți. E adevărat că a trăi conștient presupune efortul de a te confrunta cu realități dureroase, de a-ți conștientiza fricile și de a le depăși. Dar răsplata? Răsplata constă în libertate. Libertatea de a trăi așa cum vrei, libertatea de a alege, libertatea de a reuși, libertatea de a experimenta o stare profundă de beatitudine.

În fapt, a trăi conștient presupune a lua decizii deliberate, fără a fi afectat de convingerile întipărite în subconștient, de obiceiuri, societate sau de mediul în care trăiești. Viața trăită conștient este ca o floare ce răsare printre buruieni. Din păcate, tendința generală în societatea zilelor noastre este de a evita. Evitarea oferă o falsă impresie de eliberare dintr-o situație care provoacă disconfort. Eviți să te confrunți cu realitatea pentru că asta este calea cea mai ușoară de a rezolva o situație și de a te elibera pe moment de suferință.

Dar suferința este un rău necesar, pentru că doar atunci când ești în genunchi începi să îți dorești o viață mai bună. Suferința este un promotor al evoluției. Suferința te anunță că există o altă viață care te așteaptă să o trăiești, o viață în care există fericire, fericire pe care o meriți pe deplin. Momentul suferinței este momentul trezirii, acela în care îți auzi sufletul plângând după progres. Este momentul în care primești vestea că ești pregătit să trăiești expresia ta cea mai înaltă.

Dacă simți că nu îți găsești calea, dacă trăiești o senzație de durere copleșitoare pe care nu o înțelegi, dacă visurile și dorințele tale s-au transformat în niște scuze repetitive, atunci, cu siguranță, viața ta nu este așa cum în adâncuri îți dorești. Ai ignorant șoaptele sufletului care-ți spune că meriți mai mult de atât... Pentru a deveni o ființă autonomă este necesar să înveți să distingi vocea ta de a celorlalți.

Ascultă-te, acesta este momentul trezirii de pe modulul de pilot automat!

Acesta este momentul în care realizezi că până acum ai fost blocat într-un cerc vicios care te-a împiedicat să te simți complet, împlinit. Este momentul în care realizezi că dorința ta cea mai aprigă este accea de a trăi o viață minunată, presărată cu fericire. Acesta este momentul în care conștientizezi că până acum nu ai ieșit din carapace din frică, frică de necunoscut și de judecată, din rușine pentru că ai greșit și pentru că ai nevoie de ajutor și din regret pentru deciziile luate în trecut. Acestea sunt sentimente naturale, firești. Crezi că le poţi învinge sau le laşi să te doboare?

Viaţa trăită conştient presupune:

- *A trăi activ, nu pasiv;*
- *A trăi în prezent, fără a pierde din vedere imaginea de ansamblu;*
- *A stabili obiective şi a şti unde te afli în raport cu ele;*
- *A fi înclinat către cunoaştere şi către analiză;*
- *A realiza cum îi afectezi sau influenţezi pe ceilalţi;*
- *A sesiza diferenţa dintre ceea ce percepi, ceea ce interpretezi şi ceea ce simţi în legătură cu ceva;*
- *Conştientizarea valorilor care te motivează şi după care îţi ghidezi viaţa;*
- *Conştientizarea şi acceptarea emoţiilor tale şi a factorilor declanşatori;*
- *Conştientizarea gândurilor;*
- *Dorinţa de a accepta şi confrunta realitatea, fără a te retrage sau a te ascunde de ea.*

Viaţa trăită conştient presupune alegeri conştiente. Iar atunci când trăieşti conştient, chiar dacă păşeşti pe o cale greşită, ai puterea de a alege să schimbi direcţia. Viaţa este o experienţă, o călătorie, iar tu alegi destinaţia. Viaţa este ca o bucată de plastilină pe care o poţi modela aşa cum doreşti. Nu fi pasiv, începe de acum să îi dai formă!

Care sunt avantajele vieţii trăite conştient?

Acţionezi, nu reacţionezi. Atunci când eşti confuz, trăieşti în ceaţă şi te îndrepţi grăbit către nicăieri, ai tendinţa de a te mulţumi cu ceea ce primeşti, presupunând că nu există ceva mai bun, mai frumos, mai avantajos sau mai benefic pentru tine. Nu deții controlul asupra vieții tale şi, în loc să trăieşti magnific, autentic, îți reprimi sentimentele, îți ignori vocea interioară şi te transformi într-un roboțel proiectat de alții să acționeze repetitiv. Trăieşti mecanic, previzibil şi, în consecință, îți ruinezi respectul de sine.

Atunci când începi să trăieşti conştient, devii capabil să iei propriile decizii, independent de vocile externe, decizii care dau naştere unor stări emoționale pozitive, decizii care îți aduc mai multă putere. Atunci când trăieşti conştient, îți asculți vocea interioară şi îți urmezi chemarea, încetezi să mai aştepți ca lucrurile să se întâmple de la sine, nu mergi pe un drum prestabilit, ci îți construieşti viața conform dorințelor tale. Atunci când trăieşti conştient, alegi să devii cea mai bună variantă ta!

Te concentrezi asupra obiectivelor tale. Nu este întotdeauna uşor să faci alegerile corecte care să îți garanteze momente magice, de fericire autentică, dar este mult mai util să alegi conştient să duci la îndeplinire un obiectiv, decât să urmezi drumul care ți se impune. Obiectivele alese cu luciditate, care au ca finalizare satisfacerea nevoilor tale sunt mult mai realizabile decât cele care nu îți permit exprimarea de sine. Atunci când alegi conştient, creşte puterea de concentrare, se menține motivația, iar dorințele capătă o formă concretă, se materializează.

Decizi în funcție de speranțe şi visuri sau de temeri şi îndoieli?

Devii conştient de emoțiile tale. Acțiunile noastre se bazează pe emoții, iar emoțiile sunt rezultatul gândurilor noastre. În general, acordăm mai multă importanță emoțiilor noastre atunci când încercăm să le rezistăm şi când le etichetăm ca fiind negative. De fiecare dată când simţi:

- Frică
- Grijă
- Stres
- Nervozitate

... trezeşte-te şi devino conştient de ceea ce se întâmplă în interiorul tău! Emoţia este cel mai fidel barometru, aşa că alege conştient să fii fericit şi nu lăsa răspunsurile automate, interne să te controleze.

Nu depinzi de rezultate. Când eşti conştient tine, de ceea ce te înconjoară, de realitatea ta, nu depinzi de rezultate. Dependenţa de rezultate este nevoia ca ceva să meargă ca pe roate pentru a umple golurile interioare cu mulţumire de sine, respect şi stimă faţă de propria persoană. Atunci când trăieşti cu luciditate, chiar dacă nu ai parte de rezultatele pe care le doreşti, nu devii o victimă a renunţării, îţi urmezi calea cu perseverenţă pentru că ştii cu certitudine că aceasta este o acţiune care îţi sporeşte fericirea.

Eşti mult mai receptiv. Ţi s-a întâmplat vreodată să citeşti o carte şi după câteva pagini să realizezi că ai fost atât de absorbit de gândurile tale încât nu ai reţinut nimic? Ai ales conştient să citeşti această carte sau ţi-a fost recomandată?

Adevărul este că umblăm ca orbeţii fără să ştim ce căutăm de fapt. Aşa ajungem să pierdem timp şi energie citind lucruri care nu prezintă interes pentru noi, ca urmare a faptului că nu ne cunoaştem suficient de bine, nu ştim ce ne pasionează, în ce domeniu suntem talentaţi şi despre ce ar trebui să ne informăm. Şi, în loc să ne perfecţionăm, ajungem să fim buni la toate, dar buni la nimic.

Starea de luciditate este prielnică autodezvoltării, iar atunci când alegi conştient să te documentezi despre ceva anume, eşti dedicat în totalitate, eşti receptiv şi-ţi foloseşti timpul cu înţelepciune.

Îţi menajezi mai bine veniturile. Când trăieşti conştient, eşti capabil să îţi menajezi veniturile astfel încât să îţi satisfaci o mare parte din nevoi. De cele mai multe ori, când suntem nefericiţi, primul nostru instinct este acela de a cumpăra ceva. Achiziţiile acţionează ca o pătură de siguranţă emoţională. Chiar dacă remodelarea emoţională are loc, ea este vremelnică, temporară. După ce vraja dispare, sentimentele negative reapar, mai profunde, mai puternice, mai sfâşietoare. Este foarte important să îţi conştientizezi aceste tendinţe de a potoli furtunile interne cu lucruri materiale şi să preiei controlul. Altfel rişti o prăbuşire a imaginii personale.

Trăieşti aşa cum vrei tu. Îmi menţin părerea că singurul lucru cert în viaţa asta este faptul că vom muri. Şi, probabil, nu suntem atât de speriaţi de sfârşitul vieţii fizice în sine, cât de faptul că nu ştim exact când va veni acel moment şi dacă vom apuca să trăim la maximum.

Inevitabil, viaţa se va sfârşi. Cu toate că ştim că suntem doar călători, nu facem mare lucru pentru a avea parte de o călătorie decentă, plăcută, la clasa I. Ne aşezăm acolo unde găsim un loc liber şi privim nepăsători pe geam, la peisajul ce se desfăşoară în faţa ochilor noştri, uneori, fără să realizăm pe lângă ce am trecut, din cauza vitezei. Timpul este fragil, trece îngrozitor de repede, nu ţi se pare? E înspăimântător! Şi doar atunci când devii conştient de asta începi să lupţi pentru un loc mai bun în trenul vieţii.

Trezeşte-te şi începe să trăieşti o viaţă minunată, aşa cum meriţi! Suntem diferiţi dar avem drepturi egale. Avem dreptul la fericire, la iubire, la frumuseţe, la abundenţă. Trebuie să ne revendicăm aceste drepturi!

A trăi conştient presupune a prelua controlul asupra vieţii tale! A trăi lucid presupune a trăi în concordanță cu valorile tale, a-ți stabili scopuri mărețe, a visa. Atunci când deții controlul devii mai productiv, găsești mai ușor soluții, ești optimist și încrezător și mai deschis către schimbare. Nu-i mai lăsa pe alții să-ți controleze viața!

Cum preiei controlul asupra vieții tale?

Stabilește care sunt valorile după care îți ghidezi viața. Ai simțit vreodată că, în ciuda muncii și a eforturilor depuse, nu ai parte de rezultate? Majoritatea oamenilor simt asta măcar o dată în viață. De ce? Pentru că, uneori, prioritățile noastre sunt contrare valorilor noastre. De aceea, e necesar să identifici aceste valori după care îți ghidezi viața.

Întreabă-te:

Ce consider că este important pentru mine? Înțelepciunea, libertatea, fericirea, egalitatea, securitatea, stima de sine, romantismul, banii, puterea, confortul, frumusețea? Așază-le valoric.

Cine este important pentru mine?

Ce trebuie să fac pentru a mă simți bine cu mine însumi?

Răspunzând la aceste întrebări vei afla pe ce anume trebuie să îți concentrezi atenția.

Află ce te motivează. Dacă ai ști că mâine ai putea face orice fără să dai greș, ce ai alege? Ce anume te pasionează, dar nu ai îndrăznit niciodată să faci? Dacă nu ai idee care este pasiunea ta, petrece un timp pentru a reflecta la asta. Scrie pe o foaie activitățile care îți fac plăcere, care îți oferă satisfacție. Care sunt abilitățile și talentele tale? Nu fi sfios, în general, dacă ne place să facem ceva anume, este pentru că, probabil, suntem buni la asta. Află care este scopul tău profund, intenția adevărată şi etalează-ți calitățile, deții în tine resursele necesare pentru a învinge în orice situație! Ce este acel "ceva" care te inspiră?

Stabileşte-ți obiective. Pentru a primi ceea ce îți doreşti e necesar să îți stabileşti obiective. Obiectivele sunt dorințe concrete. Ia-ți un carnețel şi notează tot ceea ce îți propui să realizezi în diferitele planuri ale vieții tale: relațional, profesional, financiar, spiritual sau în ceea ce priveşte sănătatea. Care este prioritar în momentul de față? Stabileşte-le importanța şi creează un plan pentru atingerea lor. Nu este indicat să lucrezi la mai multe obiective deodată, concentrează-ți energia asupra celui pe care îl consideri de importanță majoră în momentul de față şi revizuieşte lista periodic, ceea ce este primordial acum, cu timpul, poate să nu mai prezinte interes. Stabilirea obiectivelor şi activitățile întreprinse întru îndeplinirea lor spun despre tine că eşti o persoană care îşi creează propria realitate.

Acționează. Obiectivele sunt lipsite de valoare dacă nu acționezi. Fă-ți un plan de acțiune şi treci la treabă! Împarte obiectivul în paşi mici şi fă zilnic ceva care să te aducă mai aproape de ceea ce îți doreşti. Viitorul tău este important, dar el ia naştere ca urmare a acțiunilor tale din prezent, aşa că evită să cazi în capcana lui „atunci când..." şi trăieşte clipa prezentă!

Împarte-ți timpul cu grijă! Cu toții avem la dispoziție acelaşi timp zilnic. Cu toate astea, unii au rezultate remarcabile, iar alții se plâng că nu realizează mare lucru şi că nu le ajunge ziua. Foarte mulți oameni îşi irosesc timpul, nu au idee cum să îl împartă astfel încât la sfârşitul zilei să trăiască sentimente de mulțumire. Învață să prioritizezi, creează-ți liste şi urmează-le cu sfințenie! Aceasta este calea către reuşită.

Învață autodisciplina. Dacă îți dorești să obții rezultate şi să nu ajungi în ipostaze nedemne şi înspăimântătoare, încearcă să cultivi o doză de autodisciplină. Această abilitate îți garantează succesul. Vizualizează reuşita, pentru că lumea este un fenomen psihologic, iar întruchiparea se transformă repede în realitate! Orice vezi în mintea ta poate devei realitatea ta.

ACCEPTAREA

Fericirea autentică poate fi experimentată prin acceptare. Acceptarea lucrurilor pe care nu le poți schimba, acceptarea emoțiilor şi acceptarea de sine.

Acceptarea lucrurilor pe care nu le poți schimba

Viața nu este întotdeauna corectă. Lucruri dureroase se întâmplă inevitabil. De multe ori, suntem puşi în situații limitative, care ne reduc la esență şi produc scurtcircuite la nivel mental. Nu primim la naştere instrucțiuni de folosire, de aceea nu ştim cum să gestionăm evenimentele catastrofale şi ajungem să dezvoltăm mecanisme de apărare în fața suferinței. Evitarea, negarea, ignorarea informațiilor senzoriale, refuzul de a conştientiza... Iar autodistrugerea se desfăşoară pe fondul lipsei conştientizării.

Atunci când trăieşti experiențe dureroase, prima reacție este de a te lăsa pradă neputinței. Alegi să negi că ceva se întâmplă decât să te confrunți cu durerea. Negarea te ține blocat în ego. Alege să fii liber!

Unele lucruri nu pot fi schimbate. E necesar să le acceptăm şi să mergem mai departe. Nu îți poți schimba trecutul, dar îți poți crea viitorul, nu poți schimba greşelile pe care le-ai comis, dar poți învăța din ele, nu îți poți schimba imperfecțiunile, dar poți învăța să le iubeşti.

În general, suferința psihologică este provocată de evitare şi de încercarea de a evada din realitate. Nu e indicat să eviți la nesfârşit problemele, îți amplifici tribulația, zbuciumul sufletesc. Te eliberezi și te intersectezi cu fericirea doar atunci când accepți ceea ce nu poți schimba.

Structura noastră interioară se bazează pe emoții. Trăim emoțiile într-un mod plăcut sau neplăcut. Noi determinăm ce emoții sunt negative și ce emoții sunt pozitive. De cele mai multe ori, din cauza programării sociale, ajungem să negăm emoțiile negative și considerăm că o atitudine pozitivă permanentă ne va alunga definitiv durerea. Așa că folosim cele mai bune unelte pe care le cunoaștem pentru a ne feri de suferință. Trecem prin viață încercând să transformăm o emoție negativă într-una pozitivă, fără să știm că, de fapt, trebuie să ne oferim permisiunea de a îmbrățișa durerea. Momentul eliberării este acela în care obții autoritatea de a-ți plânge traumele, de a le îmbrățișa, de a le accepta.

Dacă suntem capabili să acceptăm experiențele pozitive din viața noastră, acelea care ne garantează fericirea și bucuria, fără ca măcar să ne întrebăm care le este originea, fără să le negăm, de ce ne este atât de greu să facem același lucru cu emoțiile negative? De ce ne reprimăm tristețea, frica, furia?

Acceptă-ți emoțiile negative, pentru că atunci când îți îmbrățișezi suferința, ea încetează să mai fie atât de intensă!

Se spune că există două emoții de bază: *iubirea* și *frica*. Toate celelalte derivă din cele două. Gândurile și acțiunile noastre au la bază fie iubire, fie frică. Anxietatea, furia, tristețea, depresia, gelozia, confuzia, durerea, singurătatea, vina și rușinea se nasc din frică. Bucuria, fericirea, grija, încrederea, compasiunea, adevărul, mulțumirea și satisfacția se nasc din iubire.

De foarte multe ori, când experimentăm tristețe, frică sau rușine, prima noastră reacție este de a le respinge. Ne spunem că sunt sentimente negative pe care nu este indicat să le trăim. Aşa că facem tot ce ne stă în putinţă pentru a le îndepărta, considerând că astfel ne vom simţi bine. Cu alte cuvinte, ni le reprimăm.

Cel mai uşor ne manipulăm pe noi înşine. Foarte mulţi oameni încearcă să îşi controleze emoţiile, să îşi înăbuşe sentimentele. Chiar dacă avem impresia că ştim ce ne aduce fericirea şi ce nu, de cele mai multe ori, conturăm o realitate în discrepanţă cu ceea ce se întâmplă cu adevărat, devenind proprii noştri duşmani.

Adevărul este că nu îţi poţi controla emoţiile. Poţi învăţa să trăieşti cu ele, să te eliberezi de ele, dar nu vei reuşi niciodată să le controlezi. Mass-media abundă în ştiri despre oameni care răbufnesc în furie şi comit acte de violenţă aproape primitivă, terifiantă, inimaginabilă. Oameni aparent funcţionali. Reprimarea sentimentelor poate avea urmări devastatoare, având ca rezultat opusul intenţiei tale iniţiale. Reprimarea poate duce la pierderea controlului emoţional.

Oamenii merg pe principiul plăcerii şi este oarecum scuzabilă fugă de durerea emoţională, însă respingerea emoţiilor provoacă un şi mai mare dezastru interior. Ajungi să te prăbuşeşti într-o prăpastie fără fund şi, din păcate, nu găseşti nimic de care să te poţi agăţa.

Oare când vei înţelege că nu te poate învinge nimeni în afară de propria persoană?

De ce ne reprimăm emoţiile

De foarte multe ori, avem impresia că doar dacă ne impunem să uităm lucrurile traumatizante, experienţele dureroase care ne-au marcat existenţa, sentimentele negative, pur şi simplu, se vor disipa. În consecinţă, găsim tot felul de metode despre care credem că ne vor ajuta să evadăm. Ne ocupăm timpul, facem mai multe exerciții fizice, bem și mâncăm mai mult sau pretindem că nimic nu s-a întâmplat. Ne reprimăm, suprimăm și îngropăm sentimentele. Și, în loc să ne eliberăm, ne transformăm în prizonieri ai propriului suflet. De foarte multe ori, nici măcar nu suntem conștienți de această tendință a noastră, de aceea, consider că lista de mai jos te poate ajuta să înțelegi dacă ești unul dintre oamenii care fug de confruntarea cu emoțiile.

Așadar, îți reprimi emoțiile dacă:

- *Îți ignori sentimentele.*
- *Pretinzi că nu s-a întâmplat nimic rău, chiar dacă ai trăit experiențe dureroase.*
- *Mănânci mai mult decât normal, în special dulciuri.*
- *Consumi băuturi alcoolice în exces.*
- *Te ții mereu ocupat ca să nu ai timp pentru a simți.*
- *Citești excesiv de mult sau petreci ore bune în fața televizorului.*
- *Intelectualizezi și analizezi constant.*
- *Faci foarte multe exerciții fizice.*
- *Ești incapabil să discuți lucruri personale.*
- *Ești incapabil să porți altfel de discuții decât superficiale.*
- *Adopți o atitudine pozitivă când, de fapt, te simți distrus în interior.*
- *Îți maschezi furia sub masca păcii și a dragostei.*
- *Ești mai tot timpul obosit.*
- *Ești deprimat fără o bază rațională.*
- *Nu simți furia atunci când ești pus într-o situație dificilă, ci doar după câteva zile.*

- *Îți lipsesc ambiția și motivația.*
- *Îți este dificil să te accepți pe tine și pe cei din jur.*

Consecințele reprimării emoțiilor

Reprimarea emoțiilor are repercusiuni grave asupra diferitelor planuri ale vieții tale. Îți afectează relațiile, nivelul de energie fizică, mentală şi spirituală, dar şi încrederea în sine. Emoțiile reprimate o perioadă îndelungată de timp pot provoca probleme de sănătate grave ca: artrită, oboseală cronică sau chiar cancer.

Cum să îți identifici emoțiile?

Emoțiile sunt indicatori incontestabili a ceea ce se întâmplă cu adevărat în cavernele sufletului nostru. Există diverse metode de identificare a trăirilor sufleteşti. Unii oameni preferă să o facă în singurătate, alții au nevoie de ajutorul celor din jur sau de ajutor de specialitate. Unora le este la îndemână să își noteze sentimentele, pe când alții sunt incapabili de a le conştientiza. Este important să înțelegi faptul că dacă vrei să ai parte de emoții pozitive, este necesar să iți accepți trăirile negative pentru că doar astfel te vei putea elibera. Atunci când te eliberezi creezi un spațiu curat, pur, veritabil, un loc special destinat acumulării de trăiri minunate, aşa cum îți doreşti să ai. Iată cum îți poți indentifica emoțiile pentru a reuşi să evoluezi:

Ascultă-ți gândurile şi fii atent la visurile tale! Devenim atât de circumscrişi în anumite patternuri de gândire, încât nu mai suntem capabili să distingem vocea noastră interioară, murmurul nostru sufletesc, dorințele noastre autentice. Ajungem în situația de a ne înstrăina de de sinele nostru veritabil. Deseori, rămânem muți atunci când ni se adresează întrebări ca: *„Cine ești?”*, *„Ce iubești?”*sau *„Ce îți place?”*. Ne este greu să auzim dincolo de vocea societății și nu știm cum să finalizăm acest joc straniu al ignoranței de sine în care am intrat inconștient.

Lipsa conștientizării degradează calitatea vieții. Iar tu nu îți dorești o viață contraproductivă. De aceea, este esențial să intri în legătură cu propriul ghid lăuntric și să aduci la suprafață dorințele, sentimentele, temerile tale interioare. Acordă-ți timp pentru autocunoaștere, timpul pe care ți-l aloci nu este niciodată timp pierdut. Învață să te concentrezi asupra ta pe parcursul următoarelor două luni. Creează-ți Jurnalul Sentimentelor, un jurnal în care poți nota gândurile, dorințele, temerile care îți populează lumea interioară. Utilitatea unui jurnal este evidentă, el are rolul de a monitoriza, de a păstra informații prețioase care îți vorbesc despre tine și despre lumea care te înconjoară, te ajută să identifici patternurile de gândire care împiedică zborul tău spre culmi oferindu-ți posibilitatea de a le înlocui cu altele favorabile. Aceasta este o modalitate eficace de a te elibera de încărcătura emoțională negativă și de a evolua în înțelepciune și forță.

Identifică durerile „mici și neimportante”! Avem tendința de a minimiza trăirile noastre sufletești, impactul experiențelor dureroase asupra noastră. Acest comportament este mai des adoptat de către bărbați decât de către femei. Din nou, programarea socială ne-a inoculat ideea că bărbații sunt ființe mai puternice atât fizic, cât și din punct de vedere emoțional decât femeile. Oricum, „jungla” în care trăim a împins și foarte multe femei către adoptarea acestui tip de evitare, ca mecanism de autoprotecție. Tot mai mulți consideră că împărtășirea durerii și a suferinței este o dovadă de slăbiciune. În realitate, este o metodă de eliberare din strânsoarea ego-ului, care îți amplifică zbaterea. Este imperios necesar să identifici şi să notezi în Jurnalul Sentimentelor acele „dureri mici şi neimportante" care, ignorate, pot avea efecte dezastruoase. Multe dintre ele reprezintă un bagaj emoțional pe care îl târâm după noi într-un geamantan vechi şi ros de vreme, încă din copilărie. E vremea să laşi trecutul în urmă şi să îți proiectezi o viață autentică!

Monitorizează-ți emoțiile negative! Observă, timp de două luni, ce îți provoacă emoții negative puternice. Ține o evidență a acestor sentimente, dar şi a factorilor care le declanşează. Fie că este vorba despre vreme, trafic, partenerul de viață, copii, politicieni, colegi, orice şi oricine, trece în Jurnalul Sentimentelor.

Încearcă să identifici ce îți provoacă şi alimentează cu adevărat furia. Tristețea este o mască a furiei, iar furia este o mască a fricii. Când îți identifici propriile frici, ajungi mult mai uşor la vindecarea emoțională. Dacă îți revin în minte anumite situații dureroase din trecut, este un semn al faptului că ți-ai reprimat emoțiile față de acea situație sau față de una sau mai multe dintre persoanele implicate. Reprimarea duce chiar şi la suferință fizică.

Iertarea este ceva care apare ca rezultat al eliberării emoțiilor. Adesea mocneşte în noi dorința de a ierta persoanele care ne-au făcut rău, dar, de cele mai multe ori, ne pare imposibil. Adevărul este că nu putem ierta până nu reuşim să ne eliberăm de durere şi de furie. Iertarea este rezultatul unui proces emoțional complex şi nu este posibil să arzi etapele pentru a ajunge mai repede la rezultat.

Identifică emoțiile pozitive! Nu este benefic să ne concentrăm doar asupra sentimentelor negative. Suntem un amalgam de emoții pozitive şi negative, iar balanța trebuie să fie echilibrată pentru că altfel ne îndepărtăm de scopul nostru suprem. Este foarte important ca, pe măsură ce îți identifici sinele emoțional, să fii foarte atent şi la emoțiile pozitive pe care le trăieşti. Iubire, compasiune, grijă, încredere, generozitate, acest mix de sentimente îți conferă unicitate.

Notează emoțiile pe care le trăieşti în vise! Subconştientul nostru este foarte activ pe durata somnului pentru că procesează informația acumulată în timpul zilei. Subconştientul determină visele. Deşi visăm în fiecare seară, adesea avem impresia că noaptea ne-a fost goală. De fapt, nu ne amintim. Uneori, ne amintim visul imediat după trezire, dar îl uităm pe parcursul zilei. Visele sunt indicatori perfecți ai eului tău emoțional. Ele provoacă diverse stări, trăiri şi îți vorbesc despre emoțiile tale reprimate, îngropate în adâncurile sufleteşti. De aceea, este indicat să păstrezi Jurnalul Sentimentelor la îndemână, pentru a putea nota un vis imediat ce te trezeşti, evitând astfel uitarea lui.

Specifică cu exactitate emoțiile pe care le experimentezi. Nu e suficient să spui că eşti deprimat. Eliberarea emoțională nu se va produce decât dacă vei identifica întocmai emoțiile pe care le trăieşti. Poate că experimentezi singurătatea socială sau singurătatea spirituală, plictiseala sau lipsa creativității. Poate te simți abandonat în urma unui deces sau a unui divorț. Renunță la termenii generali şi află exact ce emoții sălăşluiesc în tine, altfel te vei pierde în confuzie.

Spre exemplu, diferența dintre gelozie şi invidie. Gelozia presupune resentimente în ceea ce priveşte avantajele sociale, educaționale, profesionale ale unei persoane sau poate avea legătură cu o rivalitate în ceea ce priveşte dragostea şi afecțiunea. Invidia este o nemulțumire sau un resentiment stârnit de norocul şi succesul altcuiva.

Comportamentele compulsive. De foarte multe ori, emoțiile neidentificate dau naştere unor comportamente compulsive. Mâncatul în exces, lucrul până la epuizare, consumul zilnic de alcool sau obsesia pentru curățenie sunt doar câteva comportamente compulsive care apar ca urmare a faptului că evităm să ne confruntăm cu durerea. Ne este foarte frică să ne arătăm vulnerabili. Ne este frică de sentimentele noastre şi de ceea ce experimentarea şi exprimarea lor ar putea produce în gândirea sau în reacțiile noastre.

Încearcă să te studiezi şi, dacă sunt semne ale unui comportament compulsiv, identifică emoția care ți-l provoacă. Poate fi vorba despre stres, frică de nou, pierderea cuiva apropiat, dificultăți relaționale. Oamenii adoptă aceste comportamente ca mecanisme de autoapărare, fără să conştientizeze că, de fapt, ele sunt autodistructive.

Află dacă ceea ce spui şi faci este în deplină concordanță cu ceea ce gândeşti. De cele mai multe ori, ne provocăm singuri nefericirea. Trăim cu impresia că liniştea noastră sufletească depinde de evitarea discuțiilor în contradictoriu şi de renunțarea la a ne susține punctul de vedere. Ne întrebăm apoi de ce ne simțim nefericiți, nemulțumiți şi furioşi pe noi înşine, dar şi pe persoana cu care ne-am pus aparent de acord. Aceste situații provoacă tensiuni interioare şi dificultăți de relaționare. Când vrei să cumperi pacea cu orice preț, sădeşti, de fapt, în propria gradină interioară, semințele unor trăiri negative.

Identifică acele situații în care ceea ce ai declarat a fost în contradicție cu ceea ce ai gândit sau simțit şi emoțiile pe care aceste situații ți le-au declanşat. Este o muncă grea, dar necesară pentru sănătatea ta emoțională.

Ascultă-ți vocea sufletului! În fiecare dintre noi, vorbeşte o voce interioară. Agitația lumii în care trăim nu ne permite să o auzim la intensitatea ei maximă. În consecință, ne îndepărtăm de sinele nostru autentic, ne înstrăinăm de noi înşine şi ne ghidăm după vocile exterioare. Ajungem să interiorizăm reacțiile celorlalți şi să ne dezvoltăm imaginea de sine pe baza lor, transformându-ne în nişte bieți pioni pe impunătoarea tablă de şah a vieții.

Pentru a deveni conştient de lumea sinelui tău, strălucitoare şi magnifică, este necesar să te retragi într-un loc liniştit, ferit de urmele dramei colective umane, un loc luminos şi cald, care îți oferă libertatea de a intra în contact cu vocea intuiției tale. Învață să asculți cu inima, pentru că ea aude lucruri diferite şi autentice, dincolo de cuvinte şi concepte. Inima aude lucruri care te definesc.

Perioada cea mai potrivită pentru a intra în contact cu sinele tău pur şi înălțător este dimineața, atunci când încă nu s-a finalizat procesul de trezire, atunci când subconştientul încă este activ. Concentrează-te, ascultă cu atenție şoaptele lui suave pentru că el îți transmite mesaje prețioase despre corpul tău emoțional activ. Notează totul în Jurnalul Sentimentelor.

Plângi atunci când simți nevoia! Plânsul este o funcție umană normală al cărei rol este de eliberare, de calmare, de curățare a impurităților sufleteşti. Prin plans, ne eliberăm de durere, suferință, dar şi de stresul asociat lor. Plânsul reprezintă o modalitate de vindecare şi întărire şi nu este o dovadă de slăbiciune, ci o dovadă de autenticitate. Nu îți mai reprima emoțiile, dacă simți nevoia să plângi, fă-o! Plânsul te ajută să îți înțelegi experiențele şi să le accepți.

Scrie despre experiențele tale! Foarte mulți oameni subestimează puterea scrisului. Unora li se pare o „prostie" sau o pierdere de timp, când, de fapt, constituie o metodă extraordinară care îți garantează sănătatea emoțională. A scrie într-un jurnal ceea ce te frământă este o dovadă de putere personală şi o cale sigură către acceptare. Nu este suficient să îți identifici emoțiile, este necesar să le scrii pentru că astfel poți monitoriza dinamica ta emoțională. Scrisul este calea prin care îți observi evoluția, progresele şi îți sărbătoreşti succesul. Creează un Jurnal al Sentimentelor ca dovadă de respect față de propria persoană.

Cere ajutorul cuiva specializat! Dacă ai aplicat metodele enumerate până acum şi totuşi nu ai obținut rezultatele scontate, atunci, poate, ar trebui să iei în calcul o vizită la un specialist. Fiecare trăieşte durerea la o intensitate diferită. Unora le este natural să se „vindece" singuri. Unii depun eforturi pentru asta, iar alții au nevoie de ajutor din exterior. Nu este o ruşine să ceri ajutorul şi trebuie să înțelegi că, uneori, avem nevoie suport, de încurajări sau de cineva care să ne ajute să vedem calea care ni se potriveşte. Mergi la un psihoterapeut sau la un preot dacă simți nevoia, în funcție de necesitățile tale spirituale. Aceştia te pot ajuta să te regăseşti, să înțelegi abundența trăirilor tale, dar şi sursa lor şi să dobândeşti un echilibru emoțional.

Metode de a-ți elibera emoțiile

Nu îți fie frică de emoțiile tale, nu te lupta cu ele, nu fugi de ele, pentru că le vei bloca în obscuritățile sufleteşti. E firesc să trăim emoții negative, oricine le experimentează. Avem tendința de a accepta emoțiile pozitive fără să stăm pe gânduri, atunci de ce ne este atât de greu să procedăm la fel cu cele mai puțin plăcute? Emoțiile negative se risipesc şi dispar doar dacă îți permiți să le simți. Dacă le simți, le înțelegi şi le accepți, atunci accelerezi transformarea lor în trăiri profunde, compuşi ai fericirii.

Iată câteva metode pe care le poți pune în practică pentru a-ți elibera emoțiile:

Decide cum vrei să răspunzi emoțiilor tale. Odată ce ai identificat o emoție, e necesar să te decizi cum vrei să procedezi pentru a-i scădea intensitatea. Consecințele neacceptării emoțiilor pot fi dezastruoase, ajungându-se la pierderea locului de muncă, a partenerului de viață sau chiar la a te îndepărtade propriul eu. Puterea emoțiilor negative nu este de subestimat, de accea, este indicat să te foloseşti de întrebări pentru a afla cum este potrivit să procedezi pentru a ieşi cu bine din impas. Întreabă-te:

Reacția mea are legătură cu situația de față sau se bazează pe experiențe care m-au marcat în trecut?

Sunt capabil să discut această problemă cu o persoană fără a răbufni în furie?

Sunt capabil să discut despre sentimentele mele cu persoana care mi le-a provocat?

Este abordarea directă cea mai bună soluție în acest caz?

Care vor fi consecințele confruntării directe cu acea situație sau persoană?

Ce doresc să rezolv în urma acestei confruntări?

Sunt aşteptările mele realiste?

Acestea sunt întrebări importante care te vor ajuta să decizi dacă abordarea directă este soluția benefică în situația dată şi dacă eşti pregătit pentru asta. Dacă, însă, furia ta este la limita superioară, e necesar ca mai întâi să te eliberezi pentru că altfel rişti să complici lucrurile.

Eliberează-ți emoțiile fizic. Dacă nu învățăm să ne controlăm emoțiile negative, ne putem transforma foarte uşor în agresori. Şi pentru că un astfel de comportament ar fi dăunător atât pentru propria ființă, cât şi pentru cei din jur, este necesar să învățăm să ne eliberăm furia şi durerea pe alte căi. Iată ce poți face:

a) **Țipă.** Nu este indicat să te laşi pradă impulsurilor de moment şi să începi să țipi în public, dar dacă găseşti un loc mai izolat, nu ezita să o faci. Dacă simți că urăşti pe cineva, strigă: „te urăsc!". Orice ai simți în legătură cu o situație sau cu o persoană, nu ezita să strigi cât poți de tare! Fă-o până în momentul în care te vei simți mai bine. Permite-ți să plângi dacă simți nevoia.

b) **Imaginează-ți că țipi.** Dacă nu poți țipa sau nu găseşti un loc care să-ți permită să te dezlănțui, imaginează-ți că o faci. Eşti plin de furie, durere, suferință. O vezi, o auzi, o simți, o exprimi cât poți de tare, o eliberezi!

c) **Loveşte.** Nu oamenii, de fapt asta încercăm să evităm prin aplicarea acestor exerciții. Ia o pernă şi loveşte-o de un scaun, de canapea sau de orice alt obiect dur care îți iese în cale. De fiecare dată când loveşti, spune ce simți! „Te urăsc!", „sunt frustrat!" sau orice altă stare care predomină în momentul acela.

d) **Scrie ce simți.** Revenim la metoda scrisului. Încearcă să scrii despre furia ta, despre ura ta, despre suferința ta, despre rănile tale sau despre fricile tale. Alocă-ți 15 minute în fiecare seară pentru a trece în Jurnalul Sentimentelor trăirile din cursul zilei şi situațiile pe care ți le-au provocat. Nu îți fie frică să simți!

Vorbeşte despre ceea ce simți. În casa sufletului sunt multe încăperi. În unele dintre ele sălăşluiesc urme ale unor dureri adânci. Dacă nu înveți să le eliberezi, aceste dureri te vor ține înlănțuit în propriul templu sufletesc şi vor bloca accesul fericirii în viața ta. Uneori, a vorbi despre ceea ce simți poate acționa ca un balsam pentru inimă. Uneori, a vorbi despre ceea ce simți este echivalent cu a te înălța și a căpăta forță. Acea forță ce vindecă și reconciliază. Este indicat să vorbești despre dramele tale pentru a-ți ușura povara. Ni se pare extrem de dificil să discutăm despre ceea ce ne provoacă disconfort și suferință pentru că avem impresia că, făcând asta, vom retrăi momentele tragice. Și, dacă totuși ne hotărâm să vorbim, ne este greu să ne încredem în cineva. Convinge-te că este util să povestești măcar unei persoane experiențele care te-au marcat. Dacă nu ai încredere în nimeni, mergi la un specialist, la psihoterapie. Poate că vei retrăi durerea, dar acest disconfort este necesar pentru că te eliberează și îți sporește forța emoțională.

Eliberează-te de resentimente. Resentimentele au la bază o doză de furie recurentă. Avem obiceiul de a ne gândi constant la răul pe care cineva ni l-a produs, de a retrăi la nesfârșit particularitățile acelei situații, furia, ura, durerea sau orice altă emoție negativă pe care ne-a provocat-o. Această atitudine este dăunătoare, ea te împiedică să îți materializezi scenariul vieții, îți fură puterea și energia, te transformă într-un om mic și neputincios. Ori tu ești menit să fii o ființă sclipitoare și îți vei atinge sinele superior doar atunci când vei reuși să te dezrobești din închisoarea resentimentelor. Scrie în Jurnalul Sentimentelor despre experiența ta dureroasă, despre durerea pe care persoana respectivă ți-a provocat-o, despre felul în care ai fost afectat, despre sentimentele și reacțiile tale. Umple-ți inima până la refuz cu înțelegere și iubire, încercă să accepți și învață să ierți pentru că doar așa resentimentele tale se vor disipa și te vei putea numi „om liber".

Schimbă-ți perspectiva. Viața aduce injustiție, abuz, ghinion, durere, furie, autocompătimire, vinovăție, regrete, depresie și alte sentimente negative. Poate că alți oameni ți-au făcut rău, poate s-au comportat injust și inadmisibil. Emoțiile provocate de nedreptatea de orice fel sunt foarte complexe. Dar oare te-ai gândit ce stă la baza comportamentului celorlalţi? Încearcă să priveşti lucrurile dintr-o nouă perspectivă, oamenii devin ostentativi, ostili şi agresivi din simplul motiv că le este frică. Ei au tendinţa de a transfera frica asupra celorlalţi. Încercă să înţelegi şi să priveşti dincolo de mască. Priveşte-ţi agresorul dincolo de cuvinte şi reacţii. Când vei înţelege cu adevărat esenţa lui, vei fi capabil să te comporţi într-un mod care să-i diminueze frica. Uneori, cei din jur au nevoie de ajutor şi a înţelege durerile altor oameni, dincolo de aparenţe, este o dovadă de respect şi înţelegere de sine.

Trăieşte împăcat. Toate metodele prezentate mai sus au un scop pozitiv, acela de a te ajuta să conştientizezi, să înţelegi, să accepţi şi să îţi eliberezi emoţiile, pentru a te detaşa şi a dobândi libertatea de a fi fericit. E necesar să accepţi faptul că nu îi poţi schimba pe ceilalţi şi că este mai la îndemână să te schimbi pe tine. E nevoie de multă înţelepciune pentru a putea „accepta lucrurile pe care nu le poţi schimba şi pentru a schimba lucrurile pe care nu le poţi accepta". Iar împlinirea şi-o va aduce înţelepciunea de a şti diferenţa.

Acceptarea de sine

A-ţi accepta sinele presupune a fi fericit cu ceea ce eşti în momentul prezent, a fi iubitor cu tine însuţi. Acceptarea de sine este aprobarea tuturor părţilor din tine, inclusiv a celor care îţi displac. Acceptarea de sine presupune renunţarea la judecăţi de valoare în ceea ce te priveşte. Când te accepţi cu adevărat, eşti capabil să îi accepţi şi pe ceilalţi, fără a mai nutri dorinţa de a-i transforma în funcţie de nevoile tale. Acceptarea este un important pas către o stimă de sine sănătoasă.

Ce spune o persoană care se acceptă?

- *Mă accept pe mine pentru că trăiesc şi deţin capacitatea de a mă bucura de propria existenţă.*
- *Sinele meu este definit de numeroase trăsături pe care le alimentez constant.*
- *Lupt pentru a mă realiza, nu doar pentru a spori plăcerea.*
- *Dacă dau greş în îndeplinirea unui obiectiv nu înseamnă că sunt un ratat, însemnă că am dobândit un anumit grad de înţelepciune.*
- *Pot alege să mă accept chiar dacă nu-mi doresc sau nu sunt dispus să îmi schimb caracterul.*
- *Nu aştept aprobare de la surse externe, ea trebuie să vină din interiorul meu.*

Acceptarea sinelui înseamnă, de fapt, recunoaşterea valorii tale personale, indiferent de defecte sau slăbiciuni. Este un act de autoafirmare. Nu înseamnă egoism, care maschează, de fapt, sentimente de inadecvare şi nu înseamnă negare. Nu trebuie folosită ca o scuză pentru a ignora sănătatea şi comportamentele distructive. Acceptarea de sine stă la baza sănătăţii fizice şi mentale în egală măsură. Înseamnă a te iubi şi a face pace cu tine însuţi, chiar dacă ai imperfecţiuni.

Factorii care determină nivelul acceptării de sine:

Familia. Factorul principal care determină capacitatea de autoacceptare a unei persoane îl reprezintă familia. Procesul acceptării de sine începe încă din copilărie, prin influenţa părinţilor, a rudelor apropiate şi a oamenilor importanţi pentru noi. Nivelul tău de acceptare a propriei persoane este determinat de acceptarea şi aprobarea pe care le-ai primit din partea celor dragi. Atitudinea ta în legătură cu tine se bazează pe atitudinea pe care consideri că o au alții în legătură cu tine. Atunci când consideri că oamenii te apreciază şi îți recunosc valoarea, nivelul tău de acceptare şi stima de sine cresc.

Ar fi minunat dacă fiecare dintre noi ar primi acceptarea necondiționată a familiei, indiferent de cine este, ce face şi în ce crede, chiar dacă aceste credințe sunt diferite de ale celorlalți membrii. Din păcate, însă, foarte mulți părinți consideră că au dreptul să judece, să critice şi să își împingă copiii pe o cale pe care ei o consideră ideală, înnăbuşindu-le astfel sinele autentic. Acesta este principalul motiv pentru care foarte multe persoane rătăcesc în neştire şi îşi pierd ani din viață ocupându-se cu lucruri neimportante pentru ei, lucruri care nu le aduc fericirea.

Dacă eşti una dintre persoanele care nu primeşte acceptare necondiționată din partea familiei, probabil, la rândul tău, îți este greu să te accepți şi te afli în conflict cu tine însuți. Este necesar să înțelegi că acceptarea de sine se cultivă şi, aşa cum ai acceptat ideile şi părerile celorlalți ca adevăruri despre tine, aşa poți învăța să îți accepți sinele autentic care îți şopteşte că eşti cu adevărat bun, demn, merituos, capabil de a oferi şi de a primi iubire. Dacă îți doreşti libertate, bucurie, energie, e necesar să te accepți şi să înveți să decizi pentru tine. Fără acceptarea propriei persoane, opiniile celorlalți devin adevărurile tale, ajungi să te confunzi cu ele şi să îți pierzi identitatea. Atunci când îți onorezi valorile, credințele, darurile şi talentele, eşti capabil să te detaşezi de dorințele celorlalți şi să îți exprimi autenticitatea. Nu te mai lupta cu tine, acceptă-te!

Prietenii şi colegii. Cei care au trăit într-un mediu familial în care nu au primit aprobare, validare, acceptare din partea părinților și a rudelor apropiate, sunt mai vulnerabili şi mai predispuşi la a se modela astfel încât să primească acceptarea prietenilor sau a celor din colectivul în care îşi desfăşoară activitatea, facilitând fenomenul de transfer. Spre exemplu, un individ care nu a avut parte de aprobarea părinților, transferă la locul de muncă, asupra şefului său, dorința de a primi acceptare. El îşi va focaliza toate gândurile şi sentimentele asupra şefului. Ce spune şeful, cum arată şeful, ce comentează şeful sau orice altă acțiune întreprinsă de şef, care implică emoții sau opinii cu privire la angajat. Totul este înregistrat şi contribuie la creşterea sau la scăderea nivelului de autoacceptare a individului respectiv.

Dorința de a te integra şi de a fi acceptat de către ceilalți te poate determina uneori să te conformezi unor reguli, să trăieşti după nişte valori şi să adopți nişte principii, tipare de gândire şi comportamente care nu te reprezintă şi nu îți aduc beneficii. Acest lucru duce la o slabă valorizare a propriei persoane. Când îți dezvolți capacitatea de a te privi cu sinceritate, dincolo de măşti şi de a admite în fața ta şi în fața celorlalți că nu eşti perfect, dar eşti minunat aşa cum eşti, atunci începi să îi faci cinste sinelui tău autentic.

Una dintre cheile către fericire constă în „a trăi veridic, autentic", a fi sincer cu tine însuți şi cu ceilalți. Şi una din modalitățile de a trăi cu sinceritate presupune a renunța la încercarea de a atinge perfecțiunea, concentrându-te pe a vedea inocența şi puritatea din inima ta. Doar aşa vei reuşi să faci saltul de la neputință la putere nemărginită.

Societatea. Mass-media promovează imagini nerealiste. Ne gândim deseori la fericire şi vizualizam coperte de reviste ce prezintă femei extrem de slabe, foarte bine proporționate, cu trăsături perfecte, încrezătoare şi lipsite de complexe. Vedem bărbați arătoşi, înalţi şi puternici, încrezători. Nu este de mirare că ne e greu să ne acceptăm pe noi înşine.

Frumuseţea este un concept pe care ne chinuim să-l înţelegem. Ce înseamnă şi de ce contează? Privim frumuseţea la modul superficial - culoarea ochilor, textura părului - o cuantificăm, o măsurăm şi o cântărim. Mass-media sădeşte în sufletele noastre nesiguranţă. Nesiguranţa pe care încercăm să o ascundem cu haine frumoase şi sclipitoare, ruj colorat, păr îndreptat cu placa, cu straturi de pudră şi cu fond de ten.

Uităm că frumuseţea este, de fapt, punctul de întâlnire dintre ceea ce doare şi ceea ce vindecă, dintre umbrele tragediilor şi luminile bucuriei. Frumuseţea constă în cicatrici. Cu toţii avem cicatrici, atât la interior cât şi la exterior. Avem pistrui de la expunerea la soare, semne care declanşează trigger-uri emoţionale, oase rupte şi inimi frânte. Oricum s-ar manifesta cicatricile noastre, nu trebuie să ne simţim ruşinaţi că le avem, pentru că ele au rolul de a ne înfrumuseţa. Ele ne oferă unicitate.

Este magnific să ştii să trăieşti cu adevărat şi să ai urme care să o dovedească. Acesta este testamentul puterii tale interioare. Frumuseţea constă în a-ţi purta cicatricile ca pe diamante.

Ne ascundem faţa pentru că ne doare să ne privim în oglindă şi ne este frică de faptul că cineva ne-ar putea vedea defectele fizice şi ar putea citi ce se ascunde sub piele: că am fost abuzaţi, că ne-am înfometat sau că ne-am pedepsit. Nu ştim să ne acceptăm, nu ne învaţă nimeni.

Frumuseţea nu se rezumă la a ajunge la măsura XS, la liftinguri faciale, injecţii cu botox sau abdomen plat. Frumuseţea este zâmbetul nostru interior, nativ, cel care persistă chiar şi atunci când trecem prin momente dificile, dureroase, traumatizante.

Ne blamăm chiar şi pentru greşeli care nu sunt ale noastre şi ne pierdem strălucirea. Începem să ne onorăm doar durerea şi tristețea, ne pierdem zâmbetul din cauza traumelor şi nu ne mai simțim frumoşi pe dinăuntru. Când decizi că traumele te fac frumos, devii frumos, puternic, fericit.

Uneori, pentru ca viața ta să se transforme, este nevoie mai întâi de o schimbare de perspectivă, de o acțiune solitară şi de un cuvânt solitar. O acțiune ca a zâmbi şi un cuvânt ca iertare.

Thich Nhat Hanh spune: ***„Datorită zâmbetului tău, faci viața mult mai frumoasă."***

Pentru un moment zâmbeşte. Simți în suflet? Simți în muşchi? Simți în piele? Simți în degetele de la picioare? Unde anume simți fericirea?

Grația este frumusețea în mişcare şi o putem crea alegând să zâmbim, să recunoaştem că suntem puternici, în ciuda slăbiciunilor noastre, să recunoaştem că lumea este un loc minunat, în ciuda dramelor colective la care asistăm. Poate că suferi, dar te poți vindeca şi poți găsi frumusețea în cicatricile tale.

Cum să te accepți pe tine?

Decide-te, alege! Acceptarea sinelui este o alegere. Pentru că decizi să te accepți necondiționat, în ciuda a ceea ce ce crezi că reprezintă deficiențele tale. Până şi cei mai puternici dintre noi, au îndoieli cu privire la propria persoană. Întotdeauna descoperim la noi ceva ce nu ne place. Oamenii puternici învață să se accepte, oamenii slabi rămân prizonieri ai propriilor măşti.

Nu te mai compara cu alții! Oare când vom înțelege cu adevărat că suntem diferiți şi că oricare dintre noi deţine atât calităţi, cât şi defecte? Nu este benefic să ne comparăm cu ceilalţi pentru că vom găsi mereu persoane mai bune, mai frumoase, mai deştepte, mai descurcăreţe decât noi. Fiecare este construit într-un mod unic, aşa că este indicat să te compari cu tine într-o etapă anterioară a vieţii pentru a-ţi vedea progresele şi evoluţia.

Fii înţelegător cu tine însuţi! Învaţă să ai compasiune fată de propria persoană. Criticul interior de multe ori ne bântuie şi nu ne dă pace. Dacă nu înveţi să îţi controlezi propriul critic, el va pune stăpânire asupra ta şi îţi va afecta negativ viaţa. Acceptarea propriei persoane te ajută să înţelegi că nu eşti ceea ce crezi că eşti, te învaţă să distingi între personalitatea ta şi sinele tău necondiţionat. Acest lucru este benefic pentru dezvoltarea ta şi te ajută să mergi pe drumul fericirii.

Aşa cum am mai spus, încă din copilărie, fiecare dintre noi construieşte o „persoană" pentru a face faţă cerinţelor impuse de familie, de şcoală, de societate, de lume. La o privire mai atentă, descoperi că această „persoană" este creată pe baza unor judecăţi exterioare despre cine eşti, ce poţi, ce meriţi şi ce nu. Aceste judecaţi pun bazele unei imagini de sine vătămătoare. Acestea sunt lentilele „împrumutate" prin care te vezi pe tine şi prin care vezi lumea.

Judecata nu este o viziune, judecata nu te ajută să descoperi, să cunoşti. Judecata te încătuşează şi cu cât te critici şi te judeci mai intens, cu atât vezi mai puţin cine eşti cu adevărat. Obiceiul de a te judeca duce la denigrarea propriei persoane, la desconsiderare, autocritică, pedeapsă şi lipsă de îngăduinţă faţă de tine însuţi. Încetează să te mai răneşti, crede în bunătatea ta, tratează-te cu iubire şi fii deschis către miracole! Schimbă lentilele întunecoase prin care te priveşti cu unele pure, curate, clare, pline de iubire! Fii bun cu tine!

Nu te mai învinovăţi şi iartă-te! Sigur că uneori greşim, le înşelăm aşteptările celor din jur, ne dezamăgim pe noi înşine, rănim, intenţionat sau nu oameni dragi şi ne blamăm că nu am reuşit să ne menţinem la un standard superior. Dar a te învinovăţi continuu nu este o soluţie. Drumul învingătorului este înainte şi, oricât de mult ai fi greşit, este necesar să îţi accepţi acţiunile, să îţi asumi responsabilitatea pentru ele şi pentru consecinţele lor, să te ridici de jos şi să mergi mai departe încercând să eviţi comiterea aceloraşi greşeli. Oricât de urât ţi-a fost trecutul, viitorul tău este fără pată. Începe de azi să îţi creezi un viitor luminos!

Cunoaşte-te pe tine însuţi! Călătoria acceptării de sine începe cu acceptarea faptului că nu ştim prea multe despre propria persoană. Ne este foarte dificil să ne răspundem la întrebări ca: *„Cine sunt?"* şi *„Ce vreau?"*. A ne descrie pe noi înşine poate fi un proces chinuitor, uneori aproape imposibil. E ca şi cum nu prea am fost atenţi la propria persoană până acum. Ne-am ignorat. Acceptarea de sine porneşte de la cunoaşterea de sine, de la conştientizare. Eşti mai mult decât un nume, mai mult decât o imagine, o poveste, o istorie personală, eşti mai mult decât eşecurile sau succesele tale. Ascultă-ţi vocea sufletului care reflectă natura ta autentică!

Nu poţi accepta ceva ce nu cunoşti. Nu te poţi accepta dacă nu ştii cine eşti cu adevărat. Şi nu ştii cine eşti cu adevărat, dacă ai renunţat la puterea ta personală pentru a le face pe plac celorlalţi şi pentru a obţine aprobare. Dacă nu încerci să îţi cunoşti lumea interioară, a emoţiilor, dacă nu îţi ştii calităţile, punctele forte, slăbiciunile, dorinţele şi visurile, convingerile şi motivaţiile, atunci acţionezi împotriva sufletului tău. Gândeşte-te la talentele şi abilităţile tale unice! Gândeşte-te la lucrurile pe care le faci excepţional de bine, la rezultatele pe care le-ai avut până acum, la abilităţile tale de a-ţi îndeplini scopurile, la contribuţia pe care o poți avea în lume şi la valoarea pe care o poți oferi celorlalți! Fă un inventar al propriei persoane, pentru că atunci când te analizezi cu inima deschisă descoperi cât de minunat eşti şi ce potențial incredibil deții în tine.

Începe inventarul propriei persoane reamintindu-ți de realizările tale de până acum. Gândeşte-te la toate lucrurile minunate pe care le-ai făcut pe parcursul vieții tale şi trece-le pe o listă pentru a-ți reaminti de fiecare dată, când este nevoie, cât de puternic poți fi. Deseori, prima reacție la un astfel de îndemn este accea de a susține că nu ai realizări. Dar oare tu nu ai trecut examene, nu ai câştigat premii, nu ai ajutat oameni, nu ai făcut nimic frumos pentru lumea în care trăieşti? Fie că ai depăşit anumite obstacole, fie că ai îndeplinit obiectivele propuse, tu eşti un om care a avut parte de realizări. Ce te face să crezi că ciclul reuşitelor s-a încheiat aici?

Învață să reiei legătura cu spirtul tău interior, cunoaşte-ți întreaga ființă şi apoi acceptă-ți unicitatea. Iubeşte-te necondiționat pentru că a te iubi şi a-ți iubi corpul nu este o dovadă de egoism, ci o dovadă de respect față de sine.

Încetează să te mai respingi! În oricare moment al vieții tale, ori te accepți, ori te respingi. În esență, respingerea propriei persoane înseamnă să îți spui „nu" ție însuți. „Nu" dorințelor, „nu" satisfacerii nevoilor tale, „nu" relaxării, „nu" timpului alocat pentru tine, „nu" ajutorului şi „nu" iubirii de sine.

Atât timp cât te vei respinge pe tine, tu vei trăi dominat de frica de a fi respins de ceilalți. Din necesitate, vei modela o *„persoană"* care încearcă să fie bună, care nu cere nimic din dorința de a nu deveni o povară şi din frica de a fi respins, al cărei scop este de a le face pe plac celorlalți şi de a încerca să le intre în grații. Din păcate, această persoană se va simți lipsită de iubire oricât de mult ar încerca să îi iubească pe cei din jur. Respingerea propriei persoane te determină să fii aspru cu tine însuți, să te privezi de atenție, de grijă, de apreciere şi iubire față de sine. Iar acesta nu este sinele tău necondiționat, pentru că sinele necondiționat abundă în iubire.

Ai încredere în tine! Acceptarea de sine reprezintă fundația casei tale. Este acel loc intim interior, în care te întorci de fiecare dată pentru a te regăsi. Atunci când a te accepta este o luptă, eşti cuprins de anxietate, de neîncredere în sine, de îndoială şi de indecizie. Dacă ai o imagine de sine falsă şi şubredă, nu vei înceta să cauți în exterior validare, aprobare, iubire. Acceptarea propriei persoane garantează experimentarea încrederii în sine. Cu cât accepți mai mult din tine, cu atât crezi mai mult în bunătatea ta înnăscută, în înțelepciunea inimii tale şi în intuiția ta naturală. Acceptându-te, ajungi să înțelegi că viața nu se întâmplă pur şi simplu, ci se întâmplă pentru tine.

Dezvoltă-ți capacitatea de a-ți accepta sinele astfel:

- *Permite-ți să asculți părerile şi obiecțiile celorlalți fără a păstra ranchiună şi învață să tolerezi.*
- *Nu te mai măsura în funcție de aşteptările altor persoane.*
- *Ai grijă de tine şi nu aştepta să o facă alții în locul tău.*
- *Acceptă complimentele altora şi consideră-le adevărate.*
- *Descoperă părțile bune şi atractive din interiorul şi exteriorul ființei tale, concentrează-te pe tot ceea ce este pozitiv.*
- *Complimentează-te pentru obiectivele pe care le duci la îndeplinire şi acceptă-ți greşelile.*
- *Priveşte-te ca un întreg, eşti valoros.*

- *Încetează să te mai critici, autocritica cultivă nefericirea.*
- *Simte-te bine în pielea ta.*
- *Încetează să mai fii avid de atenție şi de aprobare.*

Acceptarea de sine este o invitație de a te opri din încercarea de a te transforma într-o „imagine" şi îndemnul de a descoperi cine eşti cu adevărat. Miracolul acceptării de sine este acela că îți dezvăluie frumusețea interioară, o frumusețe autentică, pură, liniştitoare.

Acceptarea, stima de sine şi încrederea în sine

Acceptarea de sine este în strânsă interdependență atât cu stima de sine, cât şi cu încrederea în sine. Cu cât avansezi pe drumul acceptării, cu atât ajungi la un nivel mai crescut de stimă şi încredere în sine.

Este esențial ca înainte de toate să definim fiecare concept în parte pentru că deseori stima de sine şi încrederea în sine sunt confundate. În fapt, încrederea în sine este o componentă esențială a stimei de sine.

Stima de sine

Stima de sine este evaluarea globală a propriei persoane, părerea pe care tu o ai despre tine însuți. Are la bază convingerile tale în legătură cu valoarea ta personală, cât şi cu emoțiile care însoțesc aceste convingeri.

Nivelul stimei tale de sine depinde de:

- *Imaginea ta de sine.*
- *Părerea ta despre calitățile şi defectele tale.*

- *Credința ta că ești un om de succes.*
- *Credința ta despre statusul tău social.*
- *Felul în care te raportezi la ceilalți.*
- *Abilitatea de a lua propriile decizii.*

Semnele unei stime de sine scăzute

Din nefericire, stima de sine scăzută este ca o boală contagioasă. Chiar dacă ești o persoană sănătoasă din punct de vedere emoțional, contactul constant cu oameni a căror stimă de sine este scăzută poate avea un impact negativ asupra ta, asupra propriului nivel al stimei de sine. Ca să eviți o degradare a calității vieții tale, este foarte important să cunoști care sunt semnele unei stime de sine scăzute pentru a evita să te conectezi emoțional cu astfel de persoane:

Cele mai comune semne ale stimei de sine scăzute sunt:

Preocuparea excesivă pentru trecut. Oamenii cu o stimă de sine scăzută trăiesc conectați la trecut și sunt incapabili să se concentreze asupra clipei prezente, ratând astfel oportunități. Din cauză că trăiesc ancorați în experiențele anterioare și nu își pot deschide inima și mintea „aici și acum", le este aproape imposibil să își găsească propriul adevăr, rămânând prizonierii unui climat dominat de frică și rigiditate.

Furia. Fii foarte atent la oamenii plini de furie. Agresivitatea lor are la bază o stimă de sine scăzută, o slabă valorizare, un sentiment de insuficiență, frică. Prin furie, ei își proiectează fricile asupra celorlalți. Ei încearcă astfel să își sporească forța hrănindu-se cu forța ta. Efectul este contrar celui scontat, devenind niște finite și mai slabe, obosite, descurajate și pline de resentimente.

Preocuparea excesivă pentru muncă. Îi mai cunoaştem drept „workaholici". Acei oameni atât de prinşi în munca lor, încât nu pot concepe să nu petreacă zilnic la serviciu cel puțin două ore peste program. Acei oameni care trăiesc prin şi pentru muncă, victime ale unei stime de sine scăzute. Rezultatele pozitive şi lipsa greşelilor le oferă sentimentul de valoare fără de care lumea lor interioară devine haotică şi rece.

Preocuparea de a-şi crea şi păstra o „imagine impecabilă". Oamenilor cu stimă de sine scăzută le este extrem de teamă de critică şi judecată. Ei îşi ascund propria identitate, adoptă diverse măşti sociale pentru a fi „la înălțime" şi într-un final ajung să îşi renege propria ființă, autenticitatea, doar pentru a menține o imagine ideală, în concordanță cu opiniile şi cerințele societății. Ajung astfel să adopte un set de modele comportamentale care nu le aparțin şi se transformă în prizonieri ai condițiilor. Aceşti oameni nutresc o constantă dorință de aprobare, de validare, de apreciere. Îi recunoşti uşor pentru că ei se laudă adesea din dorința ca ceilalți să le confirme măreția. O astfel de persoană va profita adesea de slăbiciunile celorlalți pentru a-şi convinge spectatorii că este o finită superioară.

Dependența. Aşa cum am mai specificat, oamenii cu stimă de sine scăzută sunt măcinați de un sentiment de insuficientă. Incapacitatea lor de a-şi recunoaşte valoarea şi de a se accepta în totalitate, cu toate greşelile şi aparentele slăbiciuni, îi determină deseori să caute alinare în diverse substanțe nocive. Astfel ei încerca să cultive semințele unor sentimente de mulțumire de sine prin intermediul alcoolului, al drogurilor sau al diverselor subtanțe ce anesteziază emoțional. Unii ajung chiar dependenți de sex. Efectul este evident dezastruos.

Aşteptări nerealiste. De foarte multe ori, ca să îşi demonstrezecă părerea proastă pe care o au despre ei este întemeiată, unii oameni își setează așteptări nerealiste. Cu alte cuvinte, se autosabotează, își pun bețe în roate inconștient, reușind să își scadă și mai mult stima de sine atunci când nu își îndeplinesc obiectivele. Îi recunoști după faptul că se aruncă cu capul înainte și se implică des în proiecte dificile, pentru care nu dețin suficiente abilități și, uneori, în proiecte sortite din start eșecului.

Imposibilitatea de a se bucura de realizări. Dacă o persoană cunoscută ție pare incapabilă de a se bucura de realizările sale, este foarte probabil ca ea să dețină un grad redus de stimă de sine. Majoritatea oamenilor se simt fericiți, împliniți, mulțumiți atunci când își ating obiectivele. Ei dobândesc încredere în propria persoană și își dezvoltă o atitudine orientată către succes. Cei care au carențe în ceea ce privește stima de sine, rămân centrați pe eventualitatea eșecului chiar și atunci când ar trebui să savureze succesul.

Semnele unei stime de sine crescute:

Statisticile arată că 85% din populația Globului „suferă" de stimă de sine scăzută. Ne mai mirăm de ce nu avem parte de abundență, relații sănătoase, apreciere, acceptare, iubire... Restul de 15% au descoperit cele 5 componente esențiale ale unei stime de sine sănătoase.

Iată care sunt acestea:

Alegerile conștiente. Prin definiție, stima de sine presupune a fi competent și capabil să faci față cu brio provocărilor vieții. Oamenii cu o stimă de sine ridicată sunt conștienți de faptul că dețin abilitatea de a trăi deliberat, prin propria voință. Acest lucru le oferă libertatea de a-și imagina, de a vizualiza și de a acționa pentru a-și îndeplini scopurile. Astfel de oameni își exprimă cu ușurință natura adevărată și își exercită puterea de a-și controla propria viață, al cărei design unic și uluitor îi propulsează către succes. Viața trăită conștient duce către alegeri conștiente. Iar alegerile conștiente sunt revigorante, vindecătoare și înălțătoare.

Empatie și respect. Oamenii care se stimează îndeajuns de mult dezvoltă capacitatea de a empatiza, de a se „pune în pielea celuilalt". Ei refuză să judece comportamente și atitudini și încercă să spargă coaja pentru a pătrunde în miezul problemei, dincolo de aparențe, dincolo de concepte, dincolo de cuvinte. Stima de sine ridicată cultivă înțelegerea, compasiunea și respectul pentru cei din jur. Când vine vorba despre a găsi soluții la provocările vieții, persoanele cu o stimă de sine crescută aleg întotdeauna căile care îi onorează atât pe ei, cât și pe ceilalți.

Dorința de a avea succes. Cei ce au o stimă de sine sănătoasă sunt mânați de o dorință profundă de a reuși, de a învinge, de a avea succes și de a cunoaște sensul fericirii. Ei și-au format un concept puternic de sine, sunt flexibili, încrezători, creativi și curajoși. Acești oameni depășesc obstacolele într-un mod natural, firesc și nu trăiesc înspăimântați de posibilitatea eșecului pentru că sunt perfect conștienți de valoarea lor și de resursele interioare neprețuite care îi pot ajuta să depășească orice situație dificilă. Ei știu că Universul este de o corectitudine extraordinară, că atunci când ți se ia ceva, ți se oferă altceva în loc și că, atunci când o ușă se închide, alte uși se deschid.

Dorința de schimbare. Nimic pe lumea asta nu este static, totul este supus schimbării. Unii oameni nu reușesc să înțeleagă și opun rezistentă, iar oamenii cu stimă de sine crescută caută, acceptă și îmbrățișează schimbarea cu entuziasm. Aceștia sunt cei care trăiesc cu convingerea sănătoasă că schimbarea este echivalentă cu evoluția și de aceea se concentrează pe a-și dezvolta noi abilități de a răspunde unor noi provocări și de a îmbrățișa idei îndrăznețe.

Exprimarea sinelui. Am afirmat mai sus că respectul de sine este o componentă esențială a stimei de sine. Cele două se află în strânsă interdependență, așa încât dacă nivelul stimei de sine este crescut, atunci și gradul încrederii în sine este ridicat. Încrederea pe care o persoană cu stimă de sine crescută o are în propria persoană îi permite să își exprime sentimentele, dorințele și să-și revendice drepturile. Asta pentru că nu trăiește blocată în plasa fricii, nu se teme de eșec, de critică sau de respingere. Oamenii cu o stimă de sine sănătoasă reușesc să comunice cu succes cu ceilalți și contribuie cu idei ingenioase și păreri sincere de fiecare dată când este necesar.

Acum, că ai aflat ce definește o slabă stimă de sine, dar și care sunt caracteristicile oamenilor cu stimă de sine crescută, te îndemn să stabilești în care categorie te încadrezi în momentul de față. Chiar dacă te stimezi suficient, este necesar să înțelegi că drumul stimei de sine nu este liniar, ci fluctuant. Așadar, consider că este extrem de important să afli cum îți poți crește nivelul stimei de sine atunci când consideri că aceasta este în pericol.

Îți ofer o listă cu câteva acțiuni care te vor conduce către o stimă de sine sănătoasă de fiecare dată când consideri că este necesar:

Fă o listă cu punctele tale forte! Ne-am obișnuit să privim atent la defectele noastre, să le amplificăm și să ne adâncim în nemulțumire. De fiecare dată, când ni se cere să ne expunem într-un mod pozitiv, avem tendința de a ne bloca preț de câteva minute și, uneori, ajungem să catalogăm această cerere drept intruzivă. În realitate, ea este constructivă. Lumea agitată și haotică în care trăim ne influențează și ne determină să ne îndepărtăm de adevărata noastră esență. Ajungem să ne definim prin ochii altora şi de cele mai multe ori devenim dependenți de părerile exterioare pe baza cărora ne formăm o imagine de sine superficială.

Este recomandat să te retragi într-un loc intim, departe de vuietul social, care să-ți permită să îți auzi propria voce interioară, care să îți ofere libertatea de a descoperi adevărul ascuns în lăcaşurile sufleteşti, care să-ți dea posibilitatea de a recupera ceea ce ți-a fost luat cândva de către babilonia umană. Retrage-te un moment din lumea febrilă pentru a putea stabili contactul cu glasul tău interior! Ascultă cu atenție şi află care sunt calitățile tale, punctele tale forte! Trece-le pe o listă şi reciteşte-le constant pentru că ele reprezintă premisele unui viitor bogat în fericire!

Complimentează-te de câte trei ori pe zi! Mulți oameni au fost hrăniți încă din copilărie cu mesaje negative. *„Nu eşti suficient de bun", „nu te pricepi", „ştii doar să strici"*, sunt doar câteva exemple. Astfel de mesaje s-au întipărit adânc în subconştient şi, fără să realizeze, oamenii ajung ei înşişi să-şi repete aceste vorbe la nesfârşit. Acestea sunt doar convingeri limitatoare, iar ele pot fi înlocuite uşor cu altele care înnobilează sufletul. Dacă realizezi că şi mintea ta este bombardată de astfel de mesaje, începe acum să le înlocuieşti! În loc să îți vorbeşti în termeni negativ, învață să te complimentezi. Fii specific, nu-ți spune doar că eşti grozav, detaliază lucrurile frumoase pe care le remarci la tine: *„astăzi am fost un prieten înțelegător", „m-am descurcat de minune la testul de azi", „am gestionat mai bine decât mă aşteptam această situație"*. Încearcă să te gândeşti în fiecare seară, înainte de a adormi, la cel puțin trei lucruri din cursul zilei respective care te-au făcut fericit. Odată ce îți vei crea un obicei din asta, lucrurile vor curge de la sine, iar procesul acceptării va fi facilitat.

Învaţă să-ţi preţuieşti corpul! Aminteşte-ţi mereu că trupul tău este altarul tău, indiferent de formă, mărime sau culoare. Este în interesul tău să-ţi faci un scop din a-l îngriji şi a-l preţui. Acesta nu este un îndemn la resemnare, dacă ai de lucrat la aspectul tău, fă-o, pentru sănătatea ta spirituală şi fizică! Dar încercă să nu cazi în extrema perfecţiunii, pentru că, prin natura noastră, suntem imperfecţi, iar dorinţa de a fi fără cusur te va conduce pe culmile disperării. Învaţă să te descoperi, să priveşti şi să admiri zilnic câte o părticică a corpului tău.

Aminteşte-ţi că sunt lucruri pe care nu le poţi schimba! La începutul părţii despre acceptare, am încercat să îţi explic că există lucruri pe care nu le poţi schimba şi care trebuiesc acceptate ca atare. Este toxic să încerci să te revolţi şi să lupţi împotriva a ceea ce nu se poate transforma. Oricât de mult te-ai zbate, nu ai reuşi niciodată să îţi schimbi culoarea pielii sau mărimea de la pantofi. Învaţă să accepţi şi să trăieşti cu acest gând. Altfel nu vei cunoaşte niciodată fericirea.

Stima de sine sănătoasă îţi oferă puterea şi flexibilitatea de a trece la cârma vieţii tale şi de a fi propriul tău căpitan. Stima de sine sănătoasă îţi permite dezvoltarea capacităţii de a profita de oportunităţile incitante şi îţi garantează un viitor frumos. Ai grijă să o menţii mereu la un nivel superior!

Încrederea în sine

După cum am specificat deja, încrederea în sine este o componentă esenţială a stimei de sine. Dacă stima de sine se referă la sentimentul de valoare personală, încrederea în sine este dependentă de convingerile tale în ceea ce priveşte propria judecată, propriile abilităţi şi propria putere interioară. Ea determină nivelul performanței pe care îți doreşti să o atingi.

Încrederea în sine se câştigă, nu se moşteneşte. Credința că lipsa de încredere în sine are legătură cu genele este doar un mit, ea are legătură cu familia din care provii, cu modul în care ai fost tratat în copilărie şi cu experiențele pe care le-ai trăit, dar nu ține de genetică, ci mai degrabă de conştiința colectivă, de ceea ce a fost transmis la nivel energetic, vibrational.

Aşadar, cum îți influențează familia nivelul încrederii în sine? Dacă ai fost crescut cu mesajul că nu ai voie să greşeşti pentru că dacă o faci înseamnă că nu eşti bun de nimic şi în consecință nu primeşti apreciere şi iubire, atunci sigur că încrederea ta în propria persoană este aproape de pragul inferior. Unii părinți țipă şi îşi ceartă copii imediat ce aceştia sparg ceva, îşi murdăresc hainele, uită să îşi facă temele sau comit orice altă greşeală minoră. Când copilul face o faptă bună însă, nu este apreciat şi nici lăudat de către aceşti părinşi. Evident că sentimentul pe care îl trăieşte un astfel de copil este acela de ruşine, dar, în egală măsură, el resimte şi frică. La maturitate, când comite anumite greşeli în public (scapă un pahar, afirmă un lucru greşit pe parcursul unei conversații) este cuprins de aceeaşi ruşine, frică de critică şi frică de judecată. Un astfel de comportament din partea părinților îl determină pe copil să îşi construiască un concept de sine negativ. Acesta va ajunge să se considere lipsit de valoare şi nedemn de a trăi lucruri extraordinare. Evident, încrederea în sine îi va fi ciuruită. Rolul unui părinte ar trebui să fie acela de a construi şi consolida încrederea în sine a copilului, încurajându-l să încerce lucruri şi activități noi, şi asigurându-l că greşelile îl formează. Fără critică, fără judecată, fără respingere!

Semnele unei încrederi în sine scăzute

Tu cum stai cu încrederea în tine?

Îți lipsește sau e în construcție?

Ești tot timpul în gardă pentru ca cei din jur să nu observe că te îndoiești de propria persoană sau acționezi îndrăzneț?

Îți este frică de nou sau cauți constant oportunități?

Trăiești retras în carapacea ta sau pledezi pentru expansiunea conștiinței?

Lipsa încrederii în sine se manifestă prin:

Justificarea constantă a acțiunilor. Să presupunem că o persoană ia masa cu un grup de oameni pe care nu îi cunoaște foarte bine. Din întâmplare, protagonistul nostru scapă un pahar cu băutură pe jos. Care este reacția pe care o are acesta? Ei bine, majoritatea oamenilor aflați într-o asemenea situație au tendința de a se justifica: *„paharul era pe marginea mesei"*, *„sunt foarte oboist azi, nu mă pot concentra"*, *„îmi cer mii de scuze, sunt un neîndemânatic"*. A te scuza pentru un lucru atât de minor denotă o lipsă de încredere în sine. Oamenii încrezători nu dau explicații pentru acțiunile lor, faptul că ai scăpat un pahar pe jos nu te definește ca persoană, nu schimbă ceea ce ești. Este uman să greșești, iar o astfel de situație nu este o tragedie, nu afectează în mod direct nicio persoană și nu este o reflexie a ta.

Răspunsul imediat la critici. Cu toții cunoaștem oameni care nu acceptă niciun fel de critică sau contrazicere. Dacă îi spui unei astfel de persoane: *„nu ai fost în formă astăzi"*, aceasta îți va răspunde răspicat că muncește mult și este obosită ori că are și probleme personale care îi distrag atenția sau că nu este un robot. Această atitudine denotă o lipsă de încredere în sine. Oamenii încrezători ascultă criticile și apoi decid dacă sunt constructive sau nu. Dacă sunt constructive, le acceptă, dacă nu, merg mai departe fără să se simtă deranjați de remarci. Dacă îi vei spune unui campion de fitness: *„hei, arăți slăbit!"*, ce va face el? Îți va zâmbi pur şi simplu şi va merge mai departe. El ştie că este campion!

Compensare. Dacă îți lipseşte încrederea în sine, foarte probabil încerci să compensezi acest deficit cu altceva. Foarte mulți oameni lipsiți de încredere în propria persoană debordează de fericire, lasă impresia că nu se supără niciodată, sunt foarte drăguți, adoptă diferite măşti doar pentru a umple acel vid interior. Alții se ascund sub masca aroganței, adoptă o atitudine sfidătoare şi disprețuitoare, doar pentru a evita confruntarea cu neliniştea interioară. Trăim cu falsa impresie că actul compensației ne poate împiedica să alunecăm pe panta sufletului şi să ne trezim buimaci pe fundul prăpastiei. În realitate, însă, mintea subconştientă recunoaşte „trucul" şi înaintează ca mecanism de răspuns depresia.

Perfecționism. Un perfecționist trăieşte cu convingerea eronată că lumea în care îşi desfăşoară activitatea este fără cusur. În consecință, caută să realizeze totul perfect, pentru a nu fi ostracizat. Un perfecționist poate fi cuprins instant de furie dacă, în loc de 10, primeşte 9.90. Sentimentul lui de valoare este direct proporțional cu perfecțiunea executării şi a rezultatului final. Aceşti oameni sunt deseori victimele dezamăgirii prin simplul fapt că nu reuşesc să accepte ideea de imperfecțiune.

Complexe de inferioritate. Lipsa încrederii în sine poate proveni, de asemenea, din complexele de inferioritate. Acestea se dezvoltă în urma comparării propriei persoane cu ceilalți semeni şi a imposibilității de a înțelege noțiunile de unicitate, frumusețe şi valoare personală. Complexele de inferioritate sunt adevărate bariere în calea construirii încrederii în sine, de aceea este foarte important ca ele să fie identificate şi apoi înlăturate.

Lipsa asertivității. Asertivitatea este abilitatea de a te exprima şi de a-ți expune nevoile într-un mod calm, lipsit de agresivitate. Asertivitatea reprezintă cea mai eficientă cale de comunicare ce îți permite să te exprimi, să îți expui părerea, să îți spui punctul de vedere şi să îl susții într-un mod care nu îi afectează pe ceilalți. Atitudinea agresivă însă, creează conflicte exterioare, confruntări redundante şi evident nemulțumire interioară. În consecință, nivelul încrederii în sine scade.

Monologuri negative. Purtăm zilnic monologuri interioare. Unele pozitive, altele negative, recurente. Evident, vorbele nu tocmai plăcute şi încurajatoare pe care ți le repeți constant, îți afectează încrederea în propria persoană şi, în loc să vindece leziunile emoționale, reuşesc să provoace trăiri care-ți paralizează viața sufletească şi îți compromit zborul către fericire. Dacă nu conştientizezi că îți vorbeşti cu lipsă de înțelegere, de apreciere, de iubire, atunci nu poți ajunge să te respecți.

Cum îți construieşti încrederea în sine?

Încrederea în sine reprezintă percepția pozitivă a propriului sine. O persoană cu o încredere în sine sănătoasă posedă independență, maturitate, asertivitate, echilibru, viziune şi puterea de a-şi îndeplini obiectivele. Încrederea în sine este o abilitate care poate fi dezvoltată. Iată cum poți face asta:

Gândeşte pozitiv. Debarasează-te de tiparele de gândire negative şi înlocuieşte-le cu altele noi şi eficiente! Ne-am obişnuit să considerăm obstacolele ca fiind cei mai de temut duşmani ai noştri. Schimbă-ți perspectiva asupra vieții şi învață să priveşti obstacolele ca pe oportunități!

Concentrează-te asupra ta. Alocă-ți un timp zilnic pentru a-ți evalua calitățile, realizările, activitățile şi atribuțiile. Ignoră părerile celorlalți şi priveşte-te prin ochii tăi. Este o bună modalitate de a realiza că fiecare aspect al vieții tale este plin de posibilități.

Acceptă-ți slăbiciunile. După ce vei termina propria evaluare vei constata că, pe lângă anumite calități, ai şi unele slăbiciuni. Probabil, le cunoşteai sau poate că de-abia acum le-ai descoperit. Este important să realizezi faptul că lumea ar fi fadă, lipsită de expresie, dacă nu ar exista imperfecțiuni. Ai calități şi defecte care dau culoare vieții tale.

Stabileşte-ți obiective. Încrederea în propria persoană creşte atunci când reuşeşti să îți îndeplineşti un obiectiv. Dacă alergi prin viață haotic, fără rost, fără un scop, fără destinație, cum crezi că vei reuşi să realizezi ceva? Defineşte mai întâi de toate acel „ceva" pe care ți-l doreşti, apoi treci la îndeplinirea lui. Dacă îți este dificil, stabileşte-ți, pentru început, scopuri mărunte, realizabile. Propune-ți să mănânci mai sănătos sau să te oferi voluntar pentru o cauză în care crezi. Îndeplinirea fiecărui țel minor îți intensifică încrederea în sine.

Asumă-ți meritul pentru fiecare reuşită. Unii oameni au atât de imprimată în minte ideea că nu sunt capabili de realizări încât, de fiecare dată când reuşesc ceea ce şi-au propus, o pun pe seama norocului. Chiar dacă te îndoieşti de tine, succesul îți aparține, nu este un eveniment datorat sorții.

Fii asertiv. Ți-am spus la semnele lipsei de încredere în sine că asertivitatea este foarte importantă pentru că te ajută să îți faci auzite şi înțelese opiniile, credințele şi emoțiile. Asertivitatea este cheia încrederii în sine pentru că, atunci când vorbeşti asertiv, puterea ta personală şi sentimentul propriei valori se amplifică.

Asumă-ți riscuri. Spune stop captivității, viața ta de prizonier trebuie să ia sfârşit! Fă ceva ce-ți pare dificil, care-ți provoacă disconfort, pentru că astfel de acțiuni îți aduc cele mai bogate recompense. Nu te gândi la eşec, lasă-ți simțurile să se răsfețe cu aer de libertate!

Găseşte-ți un model. Cel mai bine învățăm privind, ascultând şi aplicând. Dacă admiri curajul, puterea, atitudinea sclipitoare a unor oameni, analizează-i în profunzime. Ce spun, ce fac, care le este modul de acțiune? Apoi pune în practică ceea ce ai observat şi învățat. Chiar dacă te vei simți inconfortabil la început, cu fiecare mic succes, vei reuşi să îți intensifici încrederea în tine.

ASUMAREA RESPONSABILITĂȚII

„Dacă nu este niciodată vina noastră, nu ne putem asuma responsabilitatea. Dacă nu ne putem asuma responsabilitatea, vom fi întotdeauna victime" - **Richard Bach.**

Foarte mulți oameni trăiesc cu falsa impresie că cineva sau ceva din exteriorul nostru ne controlează viețile. Fie că este vorba despre alți oameni, părinți, mediu social, sex, rasă, frică, destin sau Dumnezeu, ne comportăm ca şi cum viețile noastre s-ar afla în mâinile altcuiva. Aşteptăm... Aşteptăm ca ceva să se întâmple sau ca cineva să apară şi să ne salveze. Aşteptăm ca cineva sau ceva să ne satisfacă nevoile şi să ne înfrumusețeze viețile. Şi, totuşi... nimeni nu vine.

Fericirea autentică se instalează în suflet doar dacă înveți să îți asumi responsabilitatea pentru propria viață, doar atunci când înțelegi că tu eşti singurul responsabil pentru deciziile tale, pentru acțiunile tale, pentru fericirea sau nefericirea ta. Tu eşti cel căruia îi revine responsabilitatea de a crea noi oportunități, de a prelua inițiativa şi de a acționa deliberat, în concordanță cu propriile nevoi şi dorințe.

De ce oare ne-am învățat să căutăm răspunsuri în exterior, când, de fapt, bogățiile, nestematele, resursele, sunt în interior? Ne-am lovit de atâtea ori de seturi de condiții sociale încât am ajuns să ne pierdem chiar şi ultimul strop de putere personală. A-ți asuma responsabilitatea pentru propria existență este poate cel mai înțelept lucru pe care l-ai putea face vreodată, este lucrul cel mai dătător de putere, de curaj, de dorință, de frumusețe, de fericire. A-ți exercita libertatea de a lua decizii şi de a acționa pe propria răspundere, fără a căuta aprobarea şi consimțământul lumii externe este o dovadă de măreție.

Este foarte adevărat faptul că suntem ființe sociale şi nu ne putem izola pur şi simplu, ignorându-i complet pe ceilalți. Există situații în care avem nevoie de implicarea, colaborarea şi participarea altora. Interrelaționăm acasă, la muncă şi în orice alt tărâm al societății, unde sunt importante atât nevoile noastre, cât şi nevoile celorlalți. Deciziile şi acțiunile pe care alegi să le faci nu țin în totalitate de aria în care îți poți exercita libertatea deplină. Nu poți hotărî singur când pleci de la serviciu, cum să cheltuieşti bugetul familiei şi nici ce legi trebuie să respecți...

Aria ta personală de libertate variază de la o relație la alta: cu partenerul de viață, cu copiii, părinții, prietenii sau şeful. Şi, gradual, există limite ce ne împiedică să deținem controlul deplin asupra propriei vieți. Cu toate acestea, stă în puterea ta să îți asumi responsabilitatea pentru satisfacerea nevoilor şi dorințelor proprii, stă în puterea ta să îți asiguri independența. Dacă nu îți asumi responsabilitatea, declari că eşti neajutorat şi te îndrepți grăbit către o moarte interioară iminentă.

Asumarea responsabilității presupune o profundă dorință de schimbare, deschidere către noi idei şi experiențe, diferite valori şi credințe. Presupune curiozitate: *„Ce înseamnă?", „Cum funcționează?", „De ce?", „Există o modalitate mai bună de a face asta?", „Cum m-aş simți?", „Ce este important pentru mine?"*. Asumarea responsabilității este condiționată de conştientizarea sentimentelor pe care încerci să le cauterizezi în suflet, de autodezvăluire, de ascultare empatică, orientare către rezolvarea conflictelor, reducere a anxietății, setare de obiective, planificare.

Consecințele neasumării responsabilității

Când refuzi să accepți că ești responsabil pentru acțiunile tale, apar anumite repercusiuni asupra îndeplinirii obiectivelor și succesului tău în viață. Semnalele pe care le trimiți subconștientului se întorc și îți sabotează progresul.

Neasumarea responsabilității duce la un **simț exagerat de sine și la sentimente de nesiguranță.**

Simț exagerat de sine. Sigur că ideal este să îți descoperi sinele autentic pentru că altfel riști să putrezești, să te transformi în uscăciune. Unii oameni, însă, percep greșit acest îndemn și cad în extrema cealaltă, a unui simț exagerat de sine, adoptând o atitudine superioară care îi menține la stadiul de suflete mediocre. Ajung astfel să creeze conflicte din cauza exageratului lor simț critic și a atitudinii lipsite de asetivitate și empatie.

Un trai iresponsabil duce la o percepție de sine exagerată, iar când ajungi în acest punct critic al existenței, așteptările tale în ceea ce-i privește pe ceilalți ajung să fie nerealiste și, în consecință, devii un om nerăbdător, intolerant și dictatorial. Cu o asemenea atitudine acționezi ca un agent de respingere a celorlalți și ajungi în situația în care aceștia se feresc să colaboreze cu tine. Simțul exagerat de sine îți afectează relațiile interumane și te poate conduce pe drumul singurătății.

Sentimente de nesiguranță. Atunci când refuzi să îți asumi responsabilitatea pentru viața ta, experimentezi deseori sentimente de nesiguranță. Sufletul te ajută, atât timp cât și tu îl ajuți, iar, dacă tu acționezi într-un mod care nu îl satisface, el naște îndoieli în ceea ce privește abilitățile tale, transformându-te într-un om neîncrezător în propriile forțe. Dominat de această stare de nesiguranță, crește în interiorul tău o puternică nevoie de a avea dreptate în permanență și dorința de a-ți apăra orice acțiune, bună sau rea. Iar această atitudine accentuează deja existenta problemă a incapacității asumării responsabilității, determinându-te să te îndoiești și mai puternic de tine.

Când nu îți asumi responsabilitatea riști să:

- *Devii dependent de recunoașterea altora, de aprobare, de validare, de acceptare.*
- *Devii ostil, furios sau depresiv, considerând că ai fost și ești tratat nedrept.*
- *Îți fie frică să îți asumi riscuri sau să iei o decizie.*
- *Fii copleșit de frici.*
- *Nu atingi succesul în niciun plan al vieți.*
- *Îți pierzi sănătatea emoțională și fizică.*
- *Devii dependent de substanțe nocive, toxice, ca alcoolul, drogurile, mâncarea nesănătoasă, ori de pariuri, shopping, sex, fumat sau muncă.*
- *Te simți vinovat, în consecință faci pe supereroul care îi salvează pe ceilalți.*
- *Îți pierzi capacitatea de a te încrede în ceilalți și de a te simți în siguranță când ești în preajma altor oameni.*

După cum se vede, neasumarea responsabilității poate avea consecințe devastatoare, provocând valuri și furtuni interioare. Te întrebi apoi de ce nu reușești să descoperi taina fericirii... Deschide-ți mintea, privește-ți viața și asumă-ți responsabilitatea pentru ea!

Cum să îţi asumi responsabilitatea pentru propria viaţă?

Opreşte-te pentru o clipă şi aminteşte-ţi cânda fost ultima dată când ţi-ai asumat responsabilitatea pentru ceva. Nu-ţi vine nimic în minte? Atunci e necesar să accepţi că nu stai foarte bine la acest capitol. Dacă vrei să te simţi mai vibrant, entuziast şi puternic, atunci este necesar să înveţi să îţi asumi responsabilitatea.

Vei reuşi să îţi asumi responsabilitatea dacă:

- *Realizezi că nu este o soluţie să îi învinuieşti la nesfârşit pe alţii pentru alegerile tale.*
- *Înţelegi că este în regulă să comiţi greşeli şi că până şi cei mai puternici dintre noi au avut momente de prăbuşire.*
- *Îţi creşti stima de sine (vezi capitolul anterior), îţi conştientizezi valoarea şi îţi recunoşti erorile.*
- *Înveţi să fii emputic şi asertiv, împiedicând astfel centrarea pe sine şi egocentrismul.*
- *Înveţi să te confrunţi cu fricile şi să activezi curajos şi încrezător.*
- *Accepţi ceea ce eşti, te iubeşti şi acţionezi cu iubire.*
- *Priveşti lucrurile într-o manieră obiectivă.*
- *Renunţi la mentalitatea de victimă şi acţionezi ca un învingător.*

Asumarea propriei responsabilităţi presupune:

- *Acceptarea faptului că eşti responsabil pentru ceea ce simţi, gândeşti, afirmi şi faci.*
- *Acceptarea faptului că ai puterea de a decide drumul pe care vrei să îl urmezi.*

- *Aruncarea măştii raţionale defensive şi descoperirea sinelui autentic şi a fericirii personale.*
- *Dorinţa de a face alegeri înălţătoare care îţi oferă putere nemărginită.*
- *Conştientizarea faptului că tu hotărăşti felul în care vrei să te simţi în legătură cu orice eveniment sau acţiune care te priveşte, indiferent de negativitatea ei.*
- *Conştientizarea faptului că nu este sănătos să depinzi de alţii pentru a te simţi bine în legătură cu tine.*
- *A-ţi proteja şi menţine sănătatea şi bunăstarea emoţională şi fizică.*
- *A-ţi împărţi inteligent timpul pentru a avea parte de rezultate magnifice.*
- *A face o evaluare cinstită a propriei persoane pentru a-ţi descoperi punctele forte, abilităţile, talentele, virtuţile dar şi slăbiciunile şi defectele.*
- *A scăpa de regrete, de sentimentul de vinovăţie şi de resentimentele provocate de trecut.*

Cum să îţi asumi responsabilitatea pentru viaţa ta?

Nu există nişte paşi universal valabili şi nici vreun secret care să te convingă cât este de util să îţi asumi responsabilitatea. Există, însă, câteva metode care te pot ajuta să înţelegi cât de important este să fii capabil de a decide înţelept şi să ai puterea să îţi asumi aceste alegeri. Poţi afla dacă ai probleme cu asumarea responsabilităţii şi ce poţi face pentru a le rezolva şi a-ţi asigura un viitor prosper şi fericit folosind **metoda întrebărilor.** Foarte mulţi oameni nu primesc răspunsurile pentru că nu ştiu să adreseze întrebările potrivite. Nu ştii dacă ai probleme cu asumarea responsabilităţii pentru că nu ai investigat aşa cum ar trebui. Aşadar, răspunde cu sinceritate la următoarele întrebări:

- *Cât de des afirmi că alții au determinat ceea ce ești azi?*
- *Cât de ușor ți se pare să îți asumi deciziile pe care le iei?*
- *Cât de ușor îți este să crezi că tu stabilești drumul și destinația vieții tale?*
- *Cât de ușor îți este să îi învinovățești pe ceilalți pentru ceea ce ești azi?*
- *În spatele căror măști te ascunzi pentru a evita asumarea propriei responsabilități?*
- *Cât de rațional ești în ceea ce privește rolul pe care l-ai jucat pentru a deveni ceea ce ești azi?*
- *Cât de ușor îți este să îți accepți vina și să recunoști că ai greșit?*
- *Cât de ușor îți este să accepți că tu determini ceea ce simți atunci când te confrunți cu situații și evenimente negative?*
- *Cât de ușor îți este să depinzi doar de tine pentru acceptare, afirmare și aprobare?*
- *Cât de dispus ești să îți asumi că ești singurul responsabil pentru stima ta de sine?*
- *Cât de frecvent ți-e milă de tine?*
- *Cât de ușor îți este să scapi de sentimentul de vinovăție dacă refuzi să-i mai „salvezi" pe cei din viața ta?*
- *Cât de doritor ești să faci pașii care să îți asigure sănătatea psihică și mentală?*

Răspunsurile la aceste întrebări te vor ajuta să descoperi dacă este necesar ca tu să lucrezi la acest aspect.

Iată cum poți deveni un om care își asumă responsabilitatea:

Gândeşte limpede! Atunci când te confrunţi cu o problemă, emoţională sau practică, trage aer adânc în piept şi încearcă să te detaşezi şi să priveşti ca un observator. Limpezeşte-ţi mintea şi întreabă-te: „Ce ar face o persoană care îşi asumă responsabilitatea, într-o astfel de situaţie?". Ce crezi că te-ar face să priveşti lucrurile dintr-o altă perspectivă şi să acţionezi în beneficiul tău? Aminteşte-ţi că orice problemă are cel puţin o soluţie şi că, în calitate de persoană responsabilă, este necesar să alegi varianta cea mai bună pentru tine.

Dezvoltă-ţi noi abilităţi! Pentru a acţiona, uneori este nevoie să îţi dezvolţi abilităţi. Foarte mulţi oameni consideră că asertivitatea le aduce un câştig enorm pentru că îi ajută să recâştige controlul asupra propriilor vieţi. În plus, este destul de facil să devii o persoană asertivă, e nevoie doar de puţin exerciţiu.

Rezolvă-ţi singur problemele! Există două motive bine întemeiate pentru care este benefic să încetezi să mai aştepţi ca alţii să îţi rezolve problemele. În primul rând, de cele mai multe ori, nimeni altcineva nu le poate rezolva în locul tău. Poate că oamenii vor reuşi să schimbe situaţia ta curentă, dar nu vor reuşi să prevină reapariţia aceloraşi probleme. În al doilea rând, te-ai regăsi în aceeaşi postură în care te-ai declara neajutorat şi în aşteptarea unui erou care să te salveze de la dezastru. Este obligatoriu să îţi dezvolţi abilităţile necesare rezolvării problemelor, pentru că în acest mod vei evita comiterea aceloraşi greşeli pe viitor. În plus, ai rezolva şi problema dependenţei de ajutor, iar oamenii nu te-ar mai evita de frică să nu devină prea profund implicaţi în enigmele tale. Aminteşte-ţi: eşti responsabil! Ce ai de gând să faci în privinţa asta?

Învaţă din greşel!. Încearcă să analizezi fiecare problemă cu care te confrunţi şi implementează un sistem de auto-ajutor de care să te foloseşti de fiecare dată când te confrunţi cu situaţii dificile. Nu este necesar să te transformi în psihoterapeut, ci doar să găseşti anumite metode care funcționează în cazul tău. În vremurile curente, accesul la informație îți permite să îți alegi un set de tehnici cu ajutorul cărora să îți construieşti o fortăreață emoțională care să reziste şi celor mai crunte atacuri.

Dacă nu vei acționa cu responsabilitate şi nu vei decide ce îți aduce beneficii, atunci ceilalți oameni vor decide pentru tine, iar alegerile lor nu te vor face fericit, aşa cum îți doreşti. Este de datoria ta să fii birjarul vieții tale.

Mentalitatea de victimă

„Auto-compătimirea este poate cel mai distructiv narcotic non-farmaceutic; provoacă dependență, oferă placere momentană şi separă victima de realitate" - **John W. Gardner.**

Unii oameni îşi trăiesc viața pe principiul lui *„de ce?"* Cei mai norocoşi se întreabă *„de ce nu?"*. Te-ai întrebat vreodată *„de ce mi se întâmplă tocmai mie?"*

Mentalitatea de victimă este tot mai comună în societatea zilelor noastre. Ne-am întipărit în minte ideea că fericirea noastră depinde întotdeauna de ceva. De alți oameni, de conducători, de orice alt factor în afară de noi înşine. Ne place să ne plângem şi găsim scuze pentru pasivitatea şi ignoranța noastră. Trăim cu impresia că suntem victime ale hazardului, bieți fluturaşi fără aripioare... De fapt, suntem doar victimele autoflagelării sufleteşti.

Ne place să ne autocompătimim. Şi am devenit experți în această artă. De unde şi concepția că fericirea este doar un ideal de neatins... Cum poți să afirmi că fericirea-i o iluzie, când toată ziua îți plângi de milă? Nu vei experimenta pacea sufletească decât în momentul în care vei pune punct văicărelilor neîntemeiate şi vei acţiona cu îndrăzneală!

Dacă gândeşti că eşti o victimă, te transformi într-o victimă. Poate că deja a devenit un clişeu, dar este foarte adevărat faptul că devii ceea ce gândeşti!

Iată cum gândeşte o victimă:

- *Nu este vina mea că sunt aşa cum sunt.*
- *Nu am cerut eu să mă nasc.*
- *Acum, că mă ai, ce ai de gând să faci cu mine?*
- *Vreau să mă „repari" tu.*
- *Viaţa este nedreaptă.*
- *Nu are niciun sens să încerc să preiau controlul asupra vieţii mele.*
- *De ce să continui? Nu văd niciun rost.*
- *Nu mă poţi ajuta, nimeni nu mă poate ajuta.*
- *Nu sunt bun de nimic, sunt un ratat.*
- *Nu este nicio şansă să trec peste ceea ce mi se întâmplă.*
- *Când vor înceta problemele şi necazurile?*
- *Viaţa este atât de deprimantă...*
- *Dacă aş fi avut mai mult noroc, dacă m-aş fi născut într-o familie mai înstărită, dacă aş fi mers la o şcoală mai bună, dacă aş fi avut o slujbă mai bună...*
- *Cum poţi spune că sunt responsabil pentru ceea ce mi se va întâmpla în viitor? Nu poţi să ştii ce îţi rezervă viaţa. Ţine de soartă, noroc, politică, lăcomie, invidie, oameni răi şi geloşi şi alte lucruri negative care îl pot influenţa.*

- *Cum voi putea fi vreodată fericit când văd cât de rea este viața mea în momentul prezent?*
- *Părinții mei sunt vinovați, pentru că eu sunt aşa cum sunt.*
- *Problemele din familie m-au influențat, iar eu nu pot face nimic pentru a schimba acest lucru.*
- *Rasismul, bigotismul, prejudecățile, sexismul şi orizonturile înguste stau în calea mea de a deveni ceea ce îmi doresc.*
- *Indiferent cât de greu aş munci, nu voi putea răzbi niciodată.*
- *Sunt ceea ce sunt şi nu mă pot schimba.*

Dacă te regăseşti, înainte de a afla şi leacul, este necesar să să ştii că la baza mentalității de victimă stau următorii factori:

- *Lucrurile rele care ți s-au întâmplat în trecut.*
- *Monologurile interioare negative.*
- *Influența celorlalți.*
- *Credința în soartă şi lipsa responsabilității personale.*

O victimă trăieşte în negare, se minte, ignoră, se pedepseşte, trăieşte cu gândul că viața este nedreaptă, îi condamnă pe ceilalți şi îi consideră responsabili pentru lipsa ei de noroc, pentru nerealizările sale, pentru lipsa de îndrăzneală, pentru eşecurile sale. O victimă are o stimă de sine deficitară, suferă şi rămâne prinsă în cercul gândirii negative.

Vestea îmbucurătoare este că poți schimba oricând mentalitatea de victimă cu mentalitatea învingătorului. Depinde doar de tine dacă vrei să o faci sau nu. Deții toate resursele necesare pentru a te transforma într-un om de succes, aşa că de ce să nu-ți permiți să fii fericit?

Aşadar, dacă vrei să te debarasezi de această mentalitate cu scopul de a-ţi atinge potenţialul maxim, iată ce poţi face:

Descoperă beneficiile mentalităţii de victimă. Persistăm în comportamentele dăunătoare, pentru că şi ele ne aduc anumite beneficii. Dacă te consideri o victimă este necesar să conştientizezi faptul că această mentalitate îţi aduce:

Atenţie şi validare. Să recunoaştem, fiecare dintre noi îşi doreşte să aibă parte de atenţie şi să primească aprobare. La urma urmei, suntem fiinţe sociale... Oricât de mult ne-am cunoaşte şi recunoaşte valoarea, întotdeauna ne simţim mai încrezători atunci când şi ceilalţi ne apreciază. Desigur că cu toţii simţim uneori nevoia de a ne victimiza, dar dacă trăieşti doar pentru a te hrăni cu aprobare şi atenţie externă, atunci, probabil, crezi despre tine că eşti o victimă. Pe de altă parte însă, acest fel de comportament îi determină pe cei din jur să se îndepărteze de tine, pentru că le transmiţi o stare de pesimism şi o viziune negativă asupra vieţii.

O viaţă fără riscuri. Persişti în comportamentul de victimă pentru că este mai simplu să rămâi în zona de confort care îţi oferă sentimentul de siguranţă şi te fereşte de anxietate. Intoleranţa incertitudinii este rădăcina anxietăţii. Iar nesiguranţa ta are la bază date empirice. De ce să rişti, când poţi să stai la căldurică şi să-ţi plângi de milă în faţa televizorului? O viaţă trăită în zona de confort te condamnă la mediocritate.

Neasumarea responsabilităţii. O victimă nu este nevoită să îşi ia viaţa în mâini, să decidă, să aleagă, să hotărască şi să îşi asume responsabilitatea pentru deciziile şi faptele sale. O victimă le oferă altora puterea de a decide pentru ea şi merge pe căi prestabilite. Deşi aparent este mai simplu aşa, urmările acestei atitudini pot fi dezastruoase. De cele mai multe ori, nu conştientizăm că motivul, pentru care nu înlocuim această mentalitate, îl constituie beneficiile pe care ni le oferă. Din păcate însă, acestea nu funcționează pe termen lung și, de aceea, este imperios necesar să acționăm astfel încât să ne satisfacem nevoile nu doar pe termen scurt, ci și pe termen îndepărtat.

Încetează să te mai autocompătimești. Atunci când trăim orori și viața ne este marcată de suferințe profunde, avem tendința ori de a nega și de a refuza să vorbim despre durerile noastre, ori de a vorbi foarte mult despre vicisitudinile cu care ne-am confruntat și de a ne autocompătimi. Este util să vorbim despre trăirile noastre, dar, dacă nu reușești să treci peste, dacă îți amintești mereu de nenorocirile vieții tale, atunci riști să rămâi ancorat în trecut, să te umpli de resentimente și astfel să blochezi orice efort către schimbare. Autocompătimirea este o dovadă de lipsă de respect față de propria persoană.

Asumă-ți responsabilitatea pentru viața ta. Dacă nu îți asumi responsabilitatea pentru propria viață, nu este de mirare că ai probleme cu stima de sine. Când nu trăiești responsabil și le permiți altora să decidă ce este bun pentru tine, te declari neputincios. Capacitatea noastră de a alege este un dar neprețuit, de ce ai renunța la acest privilegiu? Poate că este mai simplu să îi învinovățești pe ceilalți pentru tot răul care se petrece în viața ta, dar adevărul este că tu ești singurul răspunzător de ceea ce ți se întâmplă.

Fii recunoscător. Încercă următorul exercițiu: de fiecare dată când simți că joci rolul victimei pe scena vieții tale, întreabă-te:

Există altceva mai grav pe lumea asta?

Sunt oameni care trec prin situații mai grele decât asta?

Ar fi putut fi mai rău de atât?

Răspunsurile la aceste întrebări nu te vor transpune într-o stare pozitivă, dar, cu siguranță, te vor aduce cu picioarele pe pământ și te vor face să realizezi că ai tendința de a dramatiza. Încearcă să uiți puțin de lucrurile negative și privește în ansamblu, trebuie să existe și lucruri pentru care alegi să fii recunoscător. Descoperă-le, notează-le și recitește-le de fiecare dată când simți nevoia!

Învață să ierți! Atunci când porți cuiva resentimente, rămâi conectat emoțional cu persoana respectivă. Atunci când porți resentimente, trăiești iar și iar durerea pe care cel în cauză ți-a provocat-o și, pe deasupra, îi oferi acestuia puterea și energia ta. Putere și energie pe care le-ai putea folosi pentru a-ți înfrumuseța viața. Această conexiune ce îți provoacă turbulențe sufletești se poate rupe doar prin iertare. Atunci când ierți îți regăsești liniștea interioară și te eliberezi din agonie.

Concentrează-te pe exterior și oferă valoare! Uneori, felul în care ne comportăm cu ceilalți reflectă felul în care ne comportăm cu noi înșine. Așadar, dacă îi critici pe ceilalți, probabil, ești prea critic cu propria persoană, dacă îi judeci, atunci te judeci pe tine și dacă îi respingi, probabil îți respingi ființa autentică. De cele mai multe ori, este benefic să privim în adâncuri și să ne rezolvăm problemele interioare. Totuși, este util să fim atenți și la exterior, la nevoile celorlalți. Fericirea este contagioasă, așa că, dacă reușești să oferi valoare și să îi faci pe cei din jur fericiți, atunci îți cresc șansele ca tu să trăiești acest sentiment.

Victimizarea îți provoacă suferință personală. Dacă îți permiți să fii o victimă, te pui în situația de a suporta umilințe, abuzuri, suferințe, te transformi într-un dependent și devii slab, obosit, descurajat. Chiar vrei să le oferi puterea ta celorlalți?

ANGAJAMENTUL

„Angajamentul este ceea ce transformă o promisiune în realitate. Reprezintă cuvintele care vorbesc îndrăzneț despre intențiile tale. Şi acțiunile care vorbesc şi mai tare decât cuvinte. Înseamnă a crea momentul atunci când nu există. Timp după timp, ani după ani. Angajamentul este trăsătura de caracter ce constă în puterea de a schimba lucrurile. Este triumful zilnic al integrității asupra scepticismului."- **Abraham Lincoln.**

Există o diferență între triumf şi angajament. Atunci când eşti interesat de a realiza ceva doar pentru a triumfa, o faci doar când circumstanțele permit. Dar, dacă ți-ai luat angajamentul de a face ceva, nu accepți scuze, ci doar rezultate.

Angajamentul este cel care ne împinge către acțiune, către dedicarea completă pentru o cauză, pentru un scop. A-ți lua angajamentul reprezintă dorința de a face tot ceea ce este necesar pentru a îndeplini un obiectiv pentru care ți-ai asumat răspunderea, chiar dacă în momentul respectiv ți se pare că va trebui să depui eforturi supraomeneşti pentru a reuşi. A fi dedicat este parte a procesului de creştere şi a transcenderii către următorul nivel.

Decizia de schimbare

Alegerea care îți schimbă viața

Viața este un proces continuu de învățare, creştere şi evoluție. Suntem ființe imperfecte, iar acest lucru ne oferă posibilitatea de a lucra cu noi înşine, de a ne îmbunătăți şi de a ne transforma zilnic. Suntem diamante în stare brută şi pentru a ajunge la frumusețea aceea uluitoare trebuie doar să învățăm cum să ne şlefuim.

Uneori, anxietatea şi frustrarea pun stăpânire pe tărâmul nostru interior şi, inevitabil, ne întrebăm care este rolul pe care îl jucăm în această lume. Avem tendința de a dramatiza şi de a ne lăsa doborâți de obstacole. Cărăm cu noi un geamantan cu bagaje emoționale care evident ne încetineşte ascensiunea. Şi, totuşi, nu ştim încotro tânjim... Suntem atât de prinşi în obiceiurile noastre, încât nu realizăm că ar exista ceva mai bun pentru noi. Trăim în lumea noastră mică, prizonieri ai zonei de confort, fără să înțelegem că limitele sunt de fapt autoimpuse şi că dincolo de ele ne aşteaptă fericirea...

Evoluția, expansiunea, progresul, se petrec doar în momentul în care privim atent la viețile noastre şi stabilim că e nevoie de schimbare. Pe plan emoțional, mental, spiritual sau fizic, uneori devenim atât de obişnuiți cu modul nostru de a trăi, încât nu mai luăm în calcul varianta de mai bine. Ne consolăm cu gândul că nu merităm mai mult decât avem, chiar dacă ceea ce avem nu ne aduce mulțumire. Ne imobilizăm înăuntrul nostru şi uităm că există ceva dincolo de zidurile fortăreței.

Avem nevoie să trăim experiențe de trezire pentru a ne recăpăta libertatea. Iar ele se nasc ca urmare a analizei propriei persoane, a propriei vieți. Autoanaliza ne determină să realizăm că există şi un alt fel de a trăi şi ne împinge să luăm decizia de schimbare. Este nevoie de autoanaliză pentru a realiza că evenimentele vieții şi situațiile defavorabile se nasc dintr-o alegere. Alegerile şi schimbările pe care le facem în viața noastră reflectă personalitatea noastră. Alegând, îți exersezi libertatea de a face schimbări în viața ta şi de a deveni ceea ce vrei şi meriți să devii. Atunci când decizi, devii responsabil pentru acțiunile şi comportamentele tale. Iar asumarea îți garantează reușita. Dacă vei continua să iei aceleași decizii ca până acum, îți vei anula puterea de a învăța lucruri noi, de a-ți dezvolta abilități și de a crește prin trăirea de noi experiențe.

Fiecare clipă a vieții tale este o alegere. Dacă primești mereu aceleași lucruri, atunci nu are rost să te întrebi de ce trăiești închis în stări sufletești neplăcute din care nu mai reușești să evadezi. Te agăți de ceea ce cunoști sau crezi că cunoști, în ideea că vei reduce riscul de a întâmpina neplăceri ca urmare a deciziilor luate. În realitate însă, te condamni la a rămâne prizonierul unui suflet simplu.

Îndrăznește să faci alegeri care să îți condimenteze viața, îndrăznește să spargi barierele și să îți lărgești orizonturile!

Rezistența la schimbare

Uneori, când ești pus în situația de a lua decizii care îți pot impacta viața, este foarte probabil să te confrunți cu o rezistență interioară. Rezistența la schimbare este o atitudine pe care o adoptăm de fiecare dată când percepem o amenințare. Este un mecanism de autoapărare care se pune în mișcare dacă simțim că suntem într-un pericol, în general, determinat de necunoscut. Apare pe baza intoleranței la schimbare și provoacă anxietate. Ea dă naștere unor conflicte interioare care, dacă nu sunt conștientizate, te pot împiedica să ajungi acolo unde îți dorești. Aceste conflicte apar între ceea ce cunoaștem la nivel intelectual și ceea ce simțim la nivel emoțional. Știm că ceea ce trăim nu ne face fericiți, dar... întotdeauna există ceva ce stă în calea schimbării, ceva ce ne ține ancorați în trecut și ne împiedică să acționăm și să creștem.

De cele mai multe ori, obstacolele sunt de ordin practic, dar există numeroase situații în care oamenii devin proprii lor inamici. În astfel de cazuri este foarte important să explorezi blocajele emoționale care cauzează rezistență. În general, la baza acestor blocaje stau:

Frica de eşec. Am fost condiționați să privim experiențele pe care le trăim în alb sau negru, iar asta ne transformă în ființe inflexibile, predispuse la a simți frustrare. Dacă nu reuşim să îndeplinim un obiectiv, suntem tentați să considerăm că am eşuat. Uităm că succesul nu se rezumă doar la rezultat, ci şi la dezvoltarea unor abilități ca: determinarea, gândirea creativă şi răbdarea. Suntem incapabili să ne concentrăm pe drumul în sine şi pe efortul depus, pentru că am fost învățați să credem că nu contează decât produsul final. Cu o astfel de mentalitate, nu este de mirare că ne este frică să ne lăsăm purtați pe aripile schimbării.

Frica de părerile şi reacțiile celorlalți. Alegerea de a merge către necunoscut, pe căi nebătătorite încă, poate fi o provocare, mai ales atunci când le permitem celorlalți să ne definească dreptființe. Decizia noastră de a ne schimba şi de a evolua poate provoca persoanelor cărora le permitem să ne controleze viața, sentimente de furie, dezamăgire, dezaprobare. Dacă relațiile tale interumane îți produc nefericire şi nu te împlinesc, dacă îți înăbuşă spiritul şi te împiedică să îți descoperi potențialul, pasiunile, sinele autentic, atunci este responsabilitatea ta să schimbi acest lucru. Este foarte important să te concentrezi pe acea persoană care te poate influența cel mai mult – tu însuți.

Frică de a lua propriile decizii. Dacă provii dintr-o familie în care nu ți s-a acordat încrederea necesară de a lua decizii, atunci, probabil, te consideri incapabil de a face propriile alegeri şi, în consecință, eviți să decizi pentru tine, refuzându-ți astfel posibilitatea de a te dezvolta. Există situații în care le permitem celorlalți să aleagă în locul nostru pentru a nu fi nevoiți să ne asumăm responsabilitatea pentru rezultatele negative. Atunci când refuzăm să ne asumăm responsabilitatea, nu doar că devenim neputincioşi, dar ne negăm constant trăirea sentimentelor de împlinire sufletească.

Bagajul emoțional. Fiecare dintre noi cară cu el încă din copilărie un bagaj emoțional negativ. De cele mai multe ori acest bagaj vizează stima de sine scăzută, perfecționismul, frica, nevoia de control, furia şi nevoia de a face pe plac pentru a primi aprobare. De aceea, de cele mai multe ori ne comportăm pe baza a ceea ce am trăit în copilărie mai degrabă decât pe baza a ceea ce suntem ca adulți. Iar rezultatul constă în reacții care îți sabotează eforturile de a trăi o schimbare pozitivă.

Obiceiurile. Atunci când experimentezi frecvent gânduri, emoții şi comportamente care au la bază bagajul tău emoțional, ele devin obiceiuri bine întipărite care îți dictează felul în care acționezi și reacționezi în diverse circumstanțe. Ele produc răspunsuri spontane, nesănătoase şi deloc adaptative. Aceste obiceiuri dau naştere rezistenței la schimbare.

Mediul. Fiecare dintre noi îşi creează un mediu care îl ajută să administreze în modul cel mai bun fricile, bagajul emoțional şi obiceiurile. Ne înconjurăm cu oameni care ne aprobă felul de a fi şi ne fac să ne simțim în siguranță şi în confort. Acest mediu consolidează ceea ce eşti, chiar dacă ceea ce eşti nu te reprezintă cu adevărat, îți ascunde autenticitatea şi te împiedică să experimentezi fericirea. Unele medii nu acceptă schimbarea, iar alte medii chiar o descurajează.

Dacă le vei permite acestor obstacole să creeze bariere, ele vor ajunge să îți controleze viața şi îți vor sabota eforturile de schimbare pozitivă, iar tu vei ajunge să te simți blocat, frustrat şi neajutorat, incapabil de a-ți schimba viața în bine.

Cum combați rezistența la schimbare?

Cum privești schimbarea?

O poți tolera sau opui rezistență?

Consideri că schimbarea îți va crea un viitor mai bun sau gândești că îți va aduce lucruri neplăcute?

Felul în care percepi schimbarea determină dacă vei rămâne blocat în aceleași situații de viață nesatisfăcătoare sau vei reuși să îți consolidezi un viitor strălucit și luminos, plin de satisfacții. Și dacă răspunsul la aceste întrebări îți semnalizează faptul că suferi de intoleranță la schimbare, atunci este cazul să înveți să învingi frica și rezistența. Prin urmare, îți recomand să:

Stai departe de oamenii negativiști. Mulți dintre noi se tem că schimbarea le va aduce lucruri mai rele decât cele cu care se confruntă în prezent. În plus, de foarte multe ori, cei din jur au grijă să îți reamintească faptul că este mai bine să te mulțumești cu ce ai și să rămâi „în banca ta", decât să riști pentru mai bine. Viitorul poate părea fără speranță dacă luăm în calcul astfel de mesaje. Oamenii au tendința de a-și transfera propriile frici asupra celor din jur. Dacă trăiești după „legile" lor personale, poți ajunge să crezi că frica este de fapt a ta, nu că ți-a fost transmisă. Se spune că suntem asemenea oamenilor cu care ne petrecem timpul, iar dacă tu consideri că este nevoie de o schimbare pozitivă în viața ta, alătură-te celor care au o mentalitate ca ta. Îndepărtează-te de oamenii care încercă să te descurajeze și să-ți ucidă visele.

Amintește-ți de schimbările care au avut loc în viața ta și felul în care acestea ți-au afectat viața. Cei mai mulți oameni trăiesc cu impresia că ei nu ar putea să facă față schimbării. De fapt, schimbarea este inevitabilă şi, oricât ne-am opune, ea nu ne cruță. Rezistența este cea care determină dacă schimbarea va fi pozitivă sau ne va aduce prejudicii. Dacă ai să arunci o privire în trecut, ai să descoperi că în viața ta s-au petrecut lucruri bune, mărețe, rele sau dezastruoase, toate acestea reprezintă schimbări. Încearcă să identifici aceste transformări şi felul în care ele te-au afectat pe plan fizic, emoțional şi intelectual. Te-au ajutat să evoluezi sau te-au aruncat într-o prăpastie? Uneori, nici nu realizăm că experiențele pozitive sau negative ne-au ajutat să creştem. Alteori, uităm că au existat situații în care ne-am descurcat uimitor şi, de accea, avem tendința de a crede despre noi că nu suntem capabili să facem față. Analizează-ți trecutul şi determină felul în care ai reacționat în diversele circumstanțe, apoi stabileşte ce atitudine vrei să preiei, care te poate duce pe culmile succesului.

Hrăneşte-te cu poveşti de succes. Internetul abundă în poveşti despre oameni care, în urma unor situații devastatoare, au reuşit să se ridice şi să experimenteze succesul. Oameni care au răzbit şi au reuşit să ofere valoare. Nu e util să crezi că nu vei putea fi niciodată unul dintre ei. Tu hotărăşti dacă există sau nu limite. Citeşte poveşti de succes şi fii atent la trăirile tale. Îți inventezi scuze sau te motivezi?

Problemele

Problemele se manifestă sub forma blocajelor, a impedimentelor, a obstacolelor care intervin în calea progresului, opunându-se aspirațiilor tale şi determinându-te să renunți şi să ratezi oportunități. Problemele îți afectează stima de sine, te împiedică să îți recunoşti valoarea şi să îți vezi meritele. De cele mai multe ori, ajungem să ne identificăm cu problemele noastre, iar rezultatul unei astfel de atitudini este imposibilitatea de a ne detaşa şi de a le privi ca observatori. În astfel de situaţii, raţiunea este învinsă de afect, iar pe fondul înceţoşării mentale, soluţia pare că nu există. Deşi aparent problemele ne încurcă, ne pun piedici, ne încetinesc drumul, ne aduc prejudicii şi ne fură puterea, ele au rol de întărire a eşafodajului personalităţii şi sunt dătătoare de putere. Problemele sunt oportunităţi mascate, ele ne oferă posibilitatea de a ne transforma, de a progresa, de a ne îmbunătăţi.

Există două categorii de probleme cu care oamenii se confruntă: **probleme de ordin exterior** şi **probleme de ordin interior.**

Problemele de ordin exterior sunt obstacole de ordin practic, care ne afectează pe plan financiar, profesional, pe planul sănătăţii. Spre exemplu, poţi întâmpina probleme în plan financiar din cauza faptului că ai fost disponibilizat ca urmare a crizei financiare. Dacă ai înţeles ideea, putem merge mai departe.

Problemele de ordin interior te au drept cauză chiar pe tine, declanşatorul eşti tu. Acest tip de probleme apare pe un anumit fond emoţional, provocat, poate, de un stimul extern. Spre exemplu, ca urmare a disponibilizării tale, o pătură de nesiguranţă se aşterne peste lumea ta interioară. Te gândeşti foarte mult la situaţia în care te afli, ruminezi excesiv, te îngrijorezi, amplifici, şi ajungi să crezi că nu mai există speranţă şi că lucrurile nu se vor îmbunătăţi niciodată. Îţi provoci astfel stări de anxietate, de frică, ruşine, tristeţe şi îţi scazi motivaţia. Într-o clipită, devii inamicul tău numărul unu şi, în loc să te concentrezi pe soluţii, te concentrezi pe probleme, ajungând să te identifici cu ele. Problemele interioare sunt, de fapt, bariere ridicate de tine şi persistă, pentru că, în realitate, ele îţi aduc şi anumite câştiguri. Inconştient, te ascunzi în spatele problemelor, pentru că în acest fel nu eşti nevoit să spargi barierele şi să te arunci în vâltoarea necunoscutului, riscând să eşuezi. De exemplu, eşti implicat într-o relaţie în care nu reuşeşti să îţi găseşti liniştea sufletească şi echilibrul, însă nu pui punct, pentru că îţi este satisfăcută nevoia de conexiune şi îţi este frică de singurătate.

Orientarea către rezolvarea problemelor

Oricare ar fi natura problemelor tale, trebuie să ştii că există soluţii pentru fiecare dintre ele. Unele probleme sunt create în imaginaţie, fără o bază logică sau raţională. De aceea, autoanaliza cu scopul conştientizării reprezintă o tehnică foarte utilă în procesul de rezolvare a problemelor. Este necesar să te întrebi:

- *Cum mă simt când apare problema?*
- *Când apare problema?*
- *Când pleacă?*
- *Cu ce mă încurcă şi care sunt prejudiciile şi consecinţele nefaste ale problemei?*
- *Prin ce beneficii se menţine problema?*

Răspunsurile la aceste întrebări te pregătesc pentru a-ţi însuşi o nouă abilitate:orientarea către rezolvarea problemelor. Dacă vrei să întâlneşti fericirea şi să cunoşti succesul personal, este nevoie să îţi condiţionezi mintea pentru a adopta atitudinea unei persoane orientate către găsirea soluţiilor.

Iată cum gândeşte o persoană orientată către rezolvarea problemelor:

Voi face în aşa fel încât lucrurile să iasă bine. Caută întotdeauna să se confrunte cu problemele într-un mod răbdător, meticulos şi atent. Înţelege pe deplin că grija cu care abordează o problemă încă de la început, o va ajuta să găsească soluţii mai bune şi mai eficiente pe viitor. Învață să îți cultivi răbdarea, lucrurile nu se îmbunătățesc peste noapte!

Această problemă poate fi soluționată. Înțelege intuitiv că orice problemă cu care se confruntă are şi o rezolvare şi că este necesar să îşi acorde suficient timp pentru a o descoperi. Atitudinea pozitivă şi încrederea în reuşită garantează succesul. Învață să gândeşti pozitiv şi nu te lăsa descurajat!

Voi persevera până când voi găsi soluția. Unul dintre atributele unui om de succes este perseverența. Dacă nu găseşte soluția unei probleme în timpul pe care l-a alocat rezolvării ei, acesta nu renunță, deoarece ştie că răspunsul este acolo undeva şi, mai devreme sau mai târziu, îl va descoperi. Nu renunța şi nu te declara învins!

Dacă nu o voi putea rezolva acum, o voi face în scurt timp. Gândeşte că, dacă nu va rezolva o problemă acum, o va face, cu siguranță, altă dată. Înțelege că, dacă chiar îi pare imposibil să descopere soluția în momentul prezent, este, pentru că nivelul său curent de cunoştințe şi abilități nu este suficient. În consecință, îşi dedică timpul acumulării de noi informații care îl pot ajuta să privească problema dintr-o altă perspectivă. Trezeşte-ți curiozitatea intelectuală şi experimentează!

Voi rezolva această problemă. Credința în reuşită este esențială. Ştie că poate adopta o atitudine jucăuşă şi iscoditoare a cărui rezultat va fi înclinat către găsirea soluției. Se luptă pentru a găsi modalități unice ca să facă mai plăcut procesul de a soluționare a problemei. Ai încredere în abilitățile tale!

Iată care sunt credințele unei persoane îndreptate către soluționarea problemelor:

Credințele sunt opinii pe care le avem despre propria persoană, despre lucruri, despre alți oameni şi lume. Gândirea şi acțiunile unei persoane orientate către rezolvarea problemelor au la baza următoarele credințe:

Nu există eşec, există numai feedback. Octavian Paler spune: *„Există înfrângeri mai valoroase decât victoriile."* Cel care luptă pentru reuşită, trăieşte cu convingerea adânc înrădăcinată că nu există înfrângeri, ci doar feedback şi învățăminte, iar calea către soluționare constă în utilizarea acestor lecții pentru a obține rezultate excepționale în activitățile viitoare. Un astfel de om realizează că fiecare nouă informație poate fi asociată cu memoriile, experiențele şi învățăturile trecutului pentru a-şi îmbunătăți şi eficientiza capacitatea de rezolvare a problemelor.

Există o cale pentru a face ca acest lucru să meargă. O persoană care caută soluții crede cu tărie că există întotdeauna o cale, chiar dacă la momentul respectiv ea nu pare la îndemână. Prin actul de căutare perseverentă, va reuşi să găsească o soluție pentru problema cu care se confruntă.

Alegerea este mai bună decât lipsa alegerii. Deținem capacitatea de a alege, însă nu toți oamenii profită de acest dar. Cel care este orientat către găsirea soluțiilor consideră că este un privilegiu acela de a alege şi conştientizează că este un supliciu să accepți ca ceilalți să decidă pentru tine.

Succesul poate fi modelat. Credința că succesul poate fi modelat îl proiectează pe culmi înalte pe cel care doreşte soluții. El îşi caută mentori sau abordează oameni care au trecut prin situații asemănătoare în încercarea de a-şi modela gândirea şi modul de acțiune, astfel încât să depăşească cu succes obstacolele şi provocările cu care se confruntă.

Curiozitatea extinde oportunitățile şi posibilitățile. O caracteristică a oamenilor îndreptați către rezolvarea problemelor este curiozitatea. Ei trăiesc cu convingerea că observarea, căutarea de informații, experimentarea, îi ajută să își cultive creativitatea și să dea naștere diverselor oportunități în urma cărora pot răsări noi soluții.

Analiza garantează găsirea de soluții. O astfel de persoană consideră că gândirea meticuloasă are întotdeauna consecințe benefice și duce către rezolvarea problemelor. Prin urmare, privește problema din toate unghiurile, fără a lăsa nimic la voia întâmplării. Realizează că prin procesul de simplă deducere va fi mai capabil să rezolve orice situație într-o manieră eficientă. Cu cât analizează mai bine fiecare fațetă a problemei, cu atât este mai aproape de miezul ei și, evident, mai aproape de soluție.

Există patternuri în orice situație. Un om înclinat către găsirea de soluții recunoaște patternuri în orice problemă sau circumstanță. Tot ceea ce există în Univers este construit pe baza patternurilor și a dansurilor ritmice care creează circumstanțele vieții noastre. Aceleași patternuri stau la baza problemelor cu care ne confruntăm. O astfel de persoană învață să le identifice și să le înțeleagă, iar, pe baza lor, descifrează indiciile care îi conduc către soluții și răspunsuri sigure.

Caracteristicile unei persoane orientate către rezolvarea de probleme:

O astfel de persoană nu se pierde în mulțime, se diferențiază de ceilalți prin faptul că deține anumite caracteristici care o ajuta să depășească limite, să spargă bariere și să atingă vârful gândirii constructive. Ea devine mai adaptativă prin faptul că:

Își asumă riscuri. Înțelege că a sta în zona de confort și a alege să vadă doar bariere, limite, rezistențe şi interdicţii nu sunt atitudini propice. Multe probleme nu pot fi pe deplin rezolvate dacă nu îşi asumă şi riscuri. Riscurile presupun depăşirea fricilor, gândirea în afara normelor şi standardelor sau, pur şi simplu, luarea unei decizii dificile care la momentul respectiv pare nesigură şi neclară. O persoană îndreptată către găsirea soluţiilor îşi asumă riscuri pentru că trăieşte cu convingerea că doar prin acest proces va fi capabilă să găsească soluţii convenabile pentru problemele sale. Are curajul de a explora direcţii necunoscute sau incomode.

Este perseverentă. Perseverentă în gânduri, decizii şi acţiuni. O astfel de persoană înţelege că problema cu care se confruntă are cel puţin o soluţie, de aceea adoptă o atitudine pozitivă, priveşte din diverse unghiuri, studiază, analizează, convinsă fiind că, într-un final, va descoperi rezolvarea şi va pune capăt zbuciumului.

Este entuziastă. Pasiunea şi entuziasmul furnizează energia şi motivaţia de care o persoană are nevoie pentru a depăşi provocările cu care se confruntă. O persoană orientată către rezolvarea problemelor priveşte provocările cu entuziasm, pentru că ştie că în acest fel va putea deveni stăpânul vieţii sale.

Este adaptabilă şi flexibilă. Este vigilentă şi profund conştientă de schimbările de situaţie care se pot întâmpla în orice moment. De aceea, învaţă să fie o persoană adaptativă. Doar prin flexibilitate, va putea rezolva problemele într-o manieră eficientă.

Este deschisă către nou. Devenim mai adaptativi când ne arătăm vulnerabilitatea şi cerem ajutorul. Un om îndreptat către găsirea soluţiilor este deschis la părerile celorlalţi şi la noi perspective. Înţelege perfect că nu deţine toate răspunsurile şi că este posibil ca cei din jur să deţină viziuni alternative care îl poate ajuta să vadă lucrurile dintr-o perspectivă unică şi benefică.

Este detaşată. Aşa cum am precizat deja, este foarte uşor să ne identificăm cu problemele noastre. Ajungem să considerăm că noi înşine facem parte dintr-o problemă care nu are soluție, când, de fapt, suntem entități diferite. Problemele pot avea un impact devastator asupra psihicului, iar o persoană orientată către rezolvări este foarte conştientă de acest lucru. Aşadar, ea îşi permite să rămână lucidă, să abordeze situațiile într-un mod detaşat şi jucăuş şi să vadă soluții şi răspunsuri acolo unde ceilalți văd doar suferință.

Este proactivă. O astfel de persoană înțelege că este necesar să continue căutarea soluțiilor şi, de aceea, acționează proactiv, indiferent de cât de nesigure par în momentul respectiv evenimentele sau circumstanțele. O persoană care se adânceşte şi mai mult în problemele sale este reactivă şi, prin urmare, ajunge deseori în situația de a fi copleşită de situație, depăşită de evenimente şi de circumstanțele vieții.

Este nonconformistă. Suntem condiționați de mici să gândim şi să acționăm într-un anumit fel, pentru căaşa vom avea parte de o viață uşoară, lipsită de pericole, riscuri şi răsturnări de situație sau cel puțin aşa , ni se spune. De fapt, condiționările ne aduc mai aproape de un mod simplist de gândire. Ne folosim mintea din ce în ce mai puțin pentru a ne confrunta cu problemele, ajungând chiar să le evităm. Evitarea sau fuga de probleme nu face decât să le amplifice şi să genereze şi mai multă suferință. O persoană îndreptată către acțiune ştie că este necesar să spargi tiparele de gândire care te limitează şi să acționezi conform propriilor principii pentru a găsi soluția optimă.

Cea mai eficientă metodă de rezolvare a problemelor

Ştiai că... nu există poţiuni magice, soluţii instante sau scurtături care te vor aduce cât mai repede la rezultatul dorit? Sigur că mulţi visează să închidă ochii şi problemele să dispară ca prin minune. Minuni există, dar asta nu este una dintre ele. Minunea constă în faptul că ai posibilitatea de a învăţa ceva de pe urma problemelor cu care te confrunţi. Dacă nu ar exista dificultăţi, nu ar exista evoluţie. Problemele nu dispar pur şi simplu, este necesar să parcurgi un întreg proces pentru a găsi soluţia cea mai funcţională. Timpul rezolvării unei situaţii dificile depinde de natura problemei şi, oricât de mult ai nutri dorinţa de a arde etapele pentru a avea rezultate, acest lucru nu este posibil.

Îţi voi prezenta în continuare o metodă eficientă şi autentică de rezolvare a problemelor. Este important să participi activ la procesul de rezolvare, să foloseşti orice situaţie de criză ca pe o oportunitate de schimbare şi să înveţi să îţi cultivi răbdarea, pentru că schimbarea este un demers ce se realizează treptat, în funcţie de ritmul fiecăruia.

Metoda conţine şase faze efective ale rezolvării de probleme. Dacă înţelegi şi aplici aceste faze, este foarte probabil să găseşti soluţia optimă pentru a schimba evenimentele neplăcute cu care te confrunţi. Iată care sunt fazele propriu-zise:

Faza pregătirii

Este faza în care identifici şi înţelegi problema cu care te confrunţi în momentul prezent. Este etapa în care câştigi suficientă claritate pentru a putea privi situaţia din diverse unghiuri. Orice neînţelegere apărută în această etapă îți poate sabota eficientizarea problemei. Această fază presupune:

Identificarea problemei. Constă într-o analiză atentă a situației. Dacă nu ești pe deplin conștient pe parcursul acestei etape, poți descoperi mai târziu că ceea ce considerai a fi o problemă, este, de fapt, o presupunere incorectă care necesită o abordare radicală și diferită. Iar asta înseamnă risipă de timp și energie.

Definirea problemei. Odată ce ai identificat problema, este necesar să o definești în scris. Știu că majoritatea oamenilor se feresc de a așterne pe hârtie și inventează mii de scuze pentru a se eschiva. Adevărul este că subestimăm puterea scrisului. Așternând pe hârtie, ieșim din vag. Scriind, devenim observatori ai gândurilor noastre, ai stărilor noastre sufletești. Puterea scrisului este incontestabilă, reprezintă un act de clarificare și ne aduce mai aproape de descoperirea soluțiilor. Efortul de a scrie va avea urmări extraordinare, așa că nu sări peste această etapă.

Adresarea întrebărilor. Pentru a dobândi noi perspective asupra problemelor este necesar să cauți informații și să formulezi un set de întrebări deschise asupra cărora să zăbovești un timp. Metoda întrebărilor funcționează în orice situație pentru că te ajută să conștientizezi evenimentele cu care te confrunți, să descoperi natura problemei și să îți faci o imagine clară de ansamblu. Iată câteva întrebări care te pot ajuta în acesta etapă:

Care este problema actuală care stă în calea progresului meu?

Cum îmi împiedică această problemă progresul?

Pe cine implică această problemă?

Cum influențează această problemă ariile vieții mele?

Care sunt beneficiile problemei?

Care sunt prejudiciile pe care această problemă le provoacă?

Determinarea cauzelor. Pasul următor, necesar în parcurgerea acestui proces constă în identificarea posibilelor cauze ce ar fi putut declanşa problema. Din nou, utilă este metoda întrebărilor. Întreabă-te:

În ce context a apărut problema?

Când a apărut problema?

Unde a apărut acesta problemă?

De ce a apărut problema?

Care sunt factorii care ar fi putut declanşa problema?

Reîncadrarea problemei. În continuare, este necesar să îți deschizi mintea şi să accepți perspective alternative, să schimbi contextul sau cadrul de referință al problemei, astfel încât aceasta să dobândească o altă semnificație. În acest fel, te vei transforma treptat într-un generator de soluții. Aşadar, schimbă perspectiva folosind din nou un set de întrebări:

Cum ar putea alți oameni să perceapă această problemă?

Cum aş percepe eu această problemă dacă m-aş întoarce în urmă cu un an?

Cum aş percepe problema dacă aş fi complet detaşat de ea şi de rezultatele ei?

Ce ar trebui să fie diferit pentru ca această situație să nu reprezinte o problemă?

Definirea rezultatelor. Dacă nu ştii ce îți doreşti să obții, nu ai cum să depăşeşti problema cu care te confrunți. Dacă, însă, priveşti lucrurile cu claritate, îți va fi mult mai uşor să îți direcționezi mintea către soluții, să devii un generator de schimbări, să aduci modificări şi să împingi lucrurile înainte. În această etapă, nu contează strategia, ci stabilirea cu luciditate a scopurilor şi obiectivelor.

Faza generării

Este o fază ce presupune creativitate, o fază în care se permit şi se încurajează diverse asocieri şi explorarea de idei nebuneşti şi sălbatice. Cu cât câştigi mai multă flexibilitate în gândire în această fază, cu atât mai eficiente vor fi fazele următoare. Este important ca acum să cauţi cât mai multe soluţii cu putinţă pentru problema cu care te confrunţi. Iată cum poţi face asta:

Apelează la experienţele, învăţurile şi greşelile din trecut. Foarte mulţi oameni se confruntă constant cu aceleaşi probleme pentru că, pur şi simplu, eşuează în a învăţa din greşelile, eşecurile şi experienţele trecute. Dacă nu vei începe să îţi priveşti viaţa la microscop, nu vei reuşi să combaţi definitiv nicio problemă. Nu există eşec, ci numai feedback. Iar rolul experienţelor fericite sau nefericite cu care ne confruntăm este acela de a ne dezvălui câte ceva despre natura noastră, dar şi de a ne învăţa lucruri noi, de a ne arăta ceea ce funcţionează şi ceea ce trebuie schimbat. Dacă nu ne supunem unui proces de autoexaminare, autoreflectare şi înţelegere, şansele de a trece dincolo de probleme sunt foarte mici.

Explorează noi strategii şi soluţii. Autoanaliza te poate ajuta să aduci experienţele şi învăţăturile din trecut în momentul prezent. Doar gândul la o situaţie dificilă pe care ai depăşit-o cu bine cândva te poate umple de încredere şi îţi poate oferi o nouă perspectivă. Gândeşte-te când ai mai fost într-o situaţie asemănătoare şi cum ai reuşit să o depăşeşti. Notează toate ideile pe o foaie, pentru că trecerea fluentă de la o idee la alta, te poate determina să uiţi unele dintre ele. În această etapă, nu contează dacă soluţiile sunt funcţionale sau nu, important este să generezi cât mai multe, să îți extinzi gândirea şi capacitatea de conştientizare în ceea ce priveşte problema pe care o experimentezi.

Faza de incubare

Faza de incubare este denumită şi faza de rezistență. Obiectivul tău, în această etapă, este de a permite soluțiilor şi ideilor găsite în faza anterioară să iasă la suprafață şi să înflorească în alveolele minții tale. Este momentul potrivit pentru a te detaşa complet de problemă şi a o privi ca un observator care se uită la o situație nesemnificativă şi nu foarte importantă. Această etapă presupune să:

Te răsfeți cu pauze de reflectare. Pauzele de câte 15-30 de minute pe care le iei în cursul zilei sunt foarte utile, pentru că ele te aduc mai aproape de rezultatul dorit. Închide ochii şi deschide-te către noi potențiale soluții. Întreabă-te:

Cum pot rezolva această problemă într-o manieră eficientă şi efectivă?

Ce trebuie să fac pentru a atinge rezultatele pe care le doresc?

Aşază-te şi monitorizează-ți atent gândurile pentru că este foarte probabil să descoperi că soluția se afla mai la îndemână decât ți-ai fi imaginat.

Dormi. Uneori, zbuciumul şi eforturile depuse pentru a descoperi soluții pot avea efectul advers determinându-te să te simți epuizat şi incapabil de a rezolva problema. Ce poți să faci în acest caz? Pur şi simplu, lasă totul deoparte şi mergi la somn. Înainte de a adormi pune-ți întrebări care să îți stimuleze procesul de gândire şi să încurajeze creierul să caute soluții. Uneori, subconştientul nostru procesează informația şi oferă o doză de claritate. Imediat ce te trezeşti reflectează asupra gândurilor tale şi asupra a ceea ce ai visat, în cazul în care îţi aminteşti. Trece pe foaie toate detaliile şi apoi reciteşte ceea ce ai scris pentru că este posibil să găseşti soluţia salvatoare.

Schimbă mediul. Dacă sunt momente în care simţi că nu avansezi şi nu ai parte de rezultate pozitive, încearcă să ieşi în natură. Natura este un mediu inspirant şi energetic, te ajută să te detaşezi şi să gândeşti mai eficient întru găsirea soluţiei. Nu uita să iei cu tine un carneţel pentru a trece toate ideile care îţi vin în minte.

Faza de evoluţie:

În această fază îţi este permis să te transformi în criticul tău cel mai aspru. Este momentul în care trebuie să duci gândirea la un nivel superior. Obiectivul tău în faza de evoluţie este acela de a stabili cu meticulozitate care sunt potenţialele soluţii pentru problema ta. Iată ce trebuie să faci în această fază:

Prioritizează şi evaluează soluţiile. Strânge la un loc toate soluţiile pe care le-ai găsit în fazele anterioare, analizează-le şi evaluează-le. Evaluează viabilitatea lor, privindu-le din toate unghiurile. De asemenea, ia în calcul timpul şi energia pe care le ai la dispoziţie pentru a implementa aceste soluţii în lumea reală. Apoi prioritizează-le, pentru că acest lucru te ajută să le descifrezi mai bine şi să stabileşti care ar fi cele sau cea mai eficientă pentru a te ajuta să depăşeşti problema cu care te confrunţi.

Speculează potenţialele şi viitoarele rezolvări cât şi consecinţele negative. Identifică posibilele dezavantaje, slăbiciuni, dar şi potenţialele oportunităţi care s-ar putea ivi în urma soluţiilor tale. Cu cât consecinţele îţi sunt mai clare, cu atât îţi va fi mai uşor să te decizi asupra soluţiei ideale în cazul tău.

Decide-te asupra soluției. După ce ai creat o listă aprofundată cu soluții în fazele de generare și incubare și ai subliniat posibilele consecințe ale fiecăreia dintre ele, ești pregătit să selectezi o soluție primară care să te ajute să depășești problema într-un mod eficient. Ia în considerare toate aspectele și decide-te care soluție ar fi cea mai potrivită pentru problema ta!

Faza implementării

Scopul tău, în faza implementării, este acela de a implementa un proces de logică, decizie și acțiune. Asta presupune să studiezi atent toate soluțiile pe care le-ai găsit, să o alegi pe cea pe care o consideri potrivită și să o implementezi în realitate. Iată ce presupune această fază:

Clarifică pe hârtie rezultatele pe care te aștepți să le obții. Din moment ce te-ai hotărât asupra soluției, este important să notezi care sunt așteptările tale în legătură cu implementarea acesteia, pentru a putea evalua rezultatele pe care o să le obții în realitate.

Determină care sunt resursele pe care le ai la dispoziție. Identifică suportul, abilitățile, cunoștințele și uneltele de care dispui în momentul de față și care te-ar putea ajuta să ajungi la rezultatul dorit. Dacă descoperi că ceva îți lipsește, atunci poate ar trebui să mai aștepți puțin și să te ocupi de acest aspect pentru a fi sigur că vei avea rezultatele pe care le aștepți. Încercă să îți dezvolți abilitățile necesare, să mai aduni informații sau chiar să obții ajutor și suport din partea unui grup de oameni care te poate ghida în acest sens.

Creează trei planuri alternative de acțiune. Acum, că ești pregătit și deții tot ceea ce este necesar pentru a duce la bun sfârșit ceea ce ți-ai propus, e timpul să treci la următorul pas. Și anume: planul de acțiune. Cum am discutat deja, este foarte important să fii flexibil în gândire şi în modul de acţiune şi să iei în calcul toate posibilele obstacole şi capcane care s-ar putea ivi pe parcursul acestui proces. Pentru a minimiza posibilităţile apariţiei unui blocaj, este imperios necesar să îţi creezi trei planuri de acţiune. Dacă planul A reuşeşte, este grozav. Dar dacă eşuează, atunci ştii că ai la dispoziţie planurile B şi C.

Setează termene limită bine definite pentru aceste acţiuni. Termenele clare şi bine definite te vor motiva să iei acţiune pentru a termina la momentul stabilit. Termenele limită te ajută să împiedici intervenţia amânării.

Angajează-te să obţii rezultate pozitive. Acţionează proactiv şi concentrează-te asupra procesului de rezolvare a problemei, nu pe problemă în sine. Doar prin acest proces de orientare vei reuşi să cultivi mentalitatea flexibilă de care ai nevoie pentru a modifica cursul în cazul în care evenimente neaşteptate se ivesc în calea ta.

Faza de învăţare

Este faza în care îţi clarifici gândurile şi te decizi asupra strategiei pe care o vei utiliza pe parcursul procesului de rezolvare a problemei. Învăţăturile pe care le vei câştiga din acest fel de reflectare te vor ajuta să dobândeşti mai multă înţelegere, să pui metodele de rezolvare în perspectivă şi să foloseşti abordarea potrivită. În această fază este important să:

Îţi monitorizezi rezultatele. Pe măsură ce progresezi în călătoria ta de implementare a soluţiei, fii atent la rezultatele pe care le obţii în urma oricărui gând şi a fiecărei decizii pe care o iei. Această conştientizare te va ajuta să îţi perfecţionezi procesul de rezolvare a problemelor pentru a avea succes şi pe viitor. Învaţă din fiecare experienţă pentru că astfel devii mai adaptativ.

Reflectezi asupra procesului de rezolvare a problemelor. După ce ai găsit soluția potrivită, ai pus-o în practică şi ai obținut rezultatele aşteptate, petrece o perioadă de timp gândindu-te şi reflectând asupra procesului. Întreabă-te:

Ce am făcut bine şi de ce sunt mândru în privința modului în care am trecut prin acest proces?

Ce trăsături am cultivat şi mi-au folosit pe parcursul acestui proces?

Ce trăsături care m-ar fi putut ajuta am neglijat, nu am luat în calcul?

Ce greşeli am făcut pe drum?

Ce am învățat din această experiență?

Ce aş putea face mai bine data viitoare?

Cum aş putea utiliza tot ceea ce am învățat din acesta experiență pentru a a avea succes şi pe viitor?

Se spune că nu ceea ce ni se întâmplă ne determină soarta, ci mai degrabă ceea ce facem noi cu privire la ceea ce se întâmplă ne determină destinul.

Problemele şi provocările cu care ne confruntăm în realitatea cotidiană, apar în calea notară cu un scop, cu un motiv - acela de a ne învăța lecții ce ne ajută să creştem şi să dobândim un grad înalt de evoluție, conştientizare, înțelegere şi responsabilizare. Problemele sunt parte din evoluție şi ne ajută să ne maturizăm şi să ne demonstrăm de fiecare dată cât de puternici suntem în realitate. Nu poți evita problemele, dar poți învăța cum să te confrunți cu ele. Foloseşte informațiile de mai sus pentru a pune punct suferinței, umilinței, disperării şi lipsei de orizont.

CAPITOLUL III

OBSTACOLELE DIN CALEA FERICIRII ȘI CUM SĂ LE DEPĂȘEȘTI

AUTOSABOTAREA

Autosabotajul este rezultatul oricărui comportament, gând, emoție sau acțiune care ne limitează şi ne împiedică să obținem ceea ce ne dorim în mod conştient. Este contradicția care apare între dorința conştientă şi dorința subconştientă. Incompatibilitatea acestor dorințe dă naştere unor conflicte cu noi înşine, dar şi cu ceilalți. Autosabotarea nu are o bază logică sau rațională, nu există niciun fel de explicație pentru faptul că nu duci la îndeplinire sarcinile şi nu reuşeşti să realizezi ceea ce ți-ai propus. Acest comportament apare pe baza unor sentimente de insuficientă, de insecuritate, teamă, devalorizare a propriilor abilități, lipsei de încredere în sine şi a convingerilor distructive şi creează frustrare, anxietate, atacuri de panică nejustificate şi chiar depresie. Acest comportament te transformă în inamicul tău numărul unu.

Autosabotajul **nu** apare pe baza lipsei voinței, abilitaților, cunoştințelor sau a eforturilor, el se manifestă ca o forță interioară mai puternică decât dorința ta conştientă, care te împiedică să realizezi ceea ce îți doreşti. Autosabotorii au tendința de a alerga inconştient după durere, de a căuta experiențe furtunoase după fiecare moment de fericire. Chiar şi atunci când ating succesul, din cauza convingerii că nu îl merită, ei lasă victoria să le scape printre degete.

Tipuri de autosabotaj

Autosabotajul poate apărea sub multe forme şi îşi manifestă căile în moduri diferite în vieţile noastre. Cele mai des întâlnite comportamente de autosabotare se regăsesc în:

- **Frică**
- **Amânare**
- **Scuze**

Fiecare dintre comportamentele enumerate are propriul set de consecinţe ce se manifestă în diverse feluri. Unele sunt foarte evidente, în timp ce altele pot fi mai dificil de identificat. Cheia este să le listezi şi să punctezi gândurile, sentimentele şi acţiunile care te conduc pe calea autosabotării. Doar atunci, prin trezirea conştientă, vei putea stopa aceste patternuri comportamentale.

Cum învingi autosabotarea?

Majoritatea oamenilor se târăsc ca nişte râme, se pedepsesc şi nu evoluează, se afundă în nisipuri mişcătoare, se resemnează, se descompun, adorm pentru eternitate, permiţând sufletului să se altereze. Toţi deţinem o anumită aptitudine pentru fericire. În acelaşi timp, stăpânim bine vocaţia supunerii şi, în loc să exploatăm lumea interioară bogată în mister şi emoţii sublime, alegem să ne trădăm propriul eu şi să devenim propriii noştri tirani, sclavi ai autosabotării.

Vrei o viaţă de tortură?

Eşti îndrăgostit de propria ta nenorocire?

Eşti bântuit de fantomele trecutului?

Viața nu îți serveşte doar porții de otravă şi, dacă pofteşti din adâncimea inimii la bucățica ta de fericire, atunci creează-ți propria rețetă, bazată pe principii universale, asezonată cu dorințe proprii şi pasiune nestăpânită, astfel încât să fii întotdeauna o plăcere pentru tine însuți!

Atunci când descoperi că viața ta este dominată de diverşi factori ai autosabotării şi înveți să depăşeşti aceste comportamente care produc restricții, limitări şi griji, te trezeşti brusc la viață, sinele tău se regrupează şi începi să guşti din binefacerile existenței. Învingerea autosabotării echivalează cu sfârşitul stării vegetative şi cultivarea unei stări de alertă, funcționale la un nivel înalt, ce produce rezultate fructuoase. Pentru a avea parte de o răsplată de natură intangibilă este necesar să experimentezi, folosind metoda întrebărilor. Întrebările au ca scop trezirea, descoperirea soluțiilor şi aplicarea lor în viața reală, astfel încât să poți deschide poarta către tărâmul interior şi să permiți să pătrundă o avalanşă de lucruri divine.

Aşadar, dacă vrei să fii unul dintre oamenii pentru care nu există limite iată ce poți face:

Identifică comportamentul de autosabotare. Este primordial să identifici acest comportament care te ține încătuşat şi te determină să exerciți o cruzime gratuită față de propria persoană. Pentru a face asta, e necesar să devii complet conştient de deciziile şi acțiunile tale, dar şi de consecințele acestora. Expansiunea conştiinței înseamnă progres. Odată identificat comportamentul, este important să punctezi factorii care îl declanşează.

Aceşti factori ar putea fi oameni, obiecte, perioade de timp, evenimente, locații, care acționează sub formă de factori declansatori. Când devii conştient de ele, eşti pregătit să preiei controlul asupra gândurilor, sentimentelor şi acţiunilor tale, să treci bariera şi să păşeşti într-o lume nouă, plină de posibilităţi.

Un alt factor care alimentează comportamentul de autosabotare este reprezentat de convingerile limitative, care îţi istovesc izvoarele voinţei şi te împiedică să trăieşti fericirea fierbinte. Aceste convingeri trebuie identificate, conştientizate şi transformate în credinţe care îţi picură în suflet roua bucuriei eterne. Când simţi că eşti limitat de o convingere, este important să aplici metoda întrebărilor. Întreabă-te:

Care sunt convingerile mele în legătură cu această situaţie?

Care sunt convingerile mele în legătură cu propria persoană şi în legătură cu propriile abilităţi?

Cum contribuie convingerile mele la întărirea acestor patternuri autodistructive?

Care ar fi o altă perspectivă ce m-ar putea ajuta să depăşesc cu bine această situaţie?

Identifică comportamentele sănătoase cu care să le poţi înlocui pe cele dăunătoare. Este cert faptul că nu putem evita toţi oamenii, toate obiectele sau toate circumstanţele care ne declanşează anumite trăiri şi ne determină să acţionăm necugetat. De aceea, uneori, calea cea mai la îndemână este aceea de a înlocui patternurile comportamentale limitatoare cu unele noi, care ne aduc beneficii, creând un mecanism nou de răspuns. Şi pentru a identifica acele comportamente care ne-ar putea ajuta în goana noastră după o viaţă echilibrată şi fericire autentică, este, de asemenea, util să ne adresăm anumite întrebări. Întreabă-te:

Care ar fi maniera cea mai potrivită şi proactivă prin care aş putea aborda această situaţie pentru a reuşi să realizez ceea ce îmi doresc?

Este aceasta o mai bună modalitate de a răspunde?

Care sunt motivele pentru care sunt determinat să fac această schimbare?

Care ar fi beneficiile pe termen lung ale acestei transformări?

Învață să gândești măreț și cutezător. Uneori, suntem atât de prinși în patternurile autolimitative, încât întărirea acestor comportamente poate duce la disfuncții mentale la nivelul percepțiilor, al judecății, al comunicării, transformându-ne în ființe ușor furtunoase, intempestive. În consecință, ajungem să trăim la intensitate crescută nefericirea, singurătatea, durerea. Ca să eviți să cazi pradă comportamentelor de autosabotare este foarte important să conștientizezi că puterea de a gândi și de a cunoaște este o sursă nesecată de libertate. Atunci când adopți o gândire aerisită, relaxantă, îți cresc șansele să ții garda sus, indiferent de situație.

Cultivă-ți zilnic pofta de delicii intelectuale, lărgește-ți posibilitățile de creație!

Adresează-ți întrebările potrivite. Am vorbit deja de metoda întrebărilor și revin asupra ei din convingerea că întrebările sunt cheia lacătelor sertarului în care sălășluiesc problemele noastre. Adresând întrebări diverse, eficiente, poți dobândi o perspectivă diferită asupra diverselor situații cu care te confrunți. Iar acest lucru te ajută în procesul de conștientizare a tendințelor tale de autosabotare. Întreabă-te:

Ce am învățat din această situație?

Ce aș face diferit dacă aș mai fi pus în această situație?

Care ar fi beneficiile unui astfel de comportament?

Cum mi-ar permite schimbarea modului meu de a acționa și de a reacționa în această situație să obțin ceea ce îmi doresc?

Fă-ți planuri în avans. Deseori, viața este o luptă atunci când nu știm la ce să ne așteptăm. Consumăm timp, energie și chiar bani alergând după acel „ceva" care ne poate face fericiți. Ne revoltăm atunci când avem parte doar de „ghinioane" și nu găsim acel izvor nesecat de bucurie și satisfacție. Înțelegem cu adevărat farmecul vieții, doar în momentul în care începem să facem planuri și să stabilim niște indicatori concreți ai reușitei. Și, pentru că, uneori, un plan nu îți oferă certitudinea succesului, este necesar să iei în calcul potențialele provocări și obstacole pe care le-ai putea întâmpina în călătoria ta. Identifică-le și gândește-te la maniera în care ai răspunde dacă ți-ar ieși în cale. Imaginează-ți cel mai rău scenariu și cum te-ai comporta dacă el s-ar adeveri. Chiar dacă nu se va transforma în realitate, este un exercițiu foarte util întrucât te pregătește pentru situații dificile.

Concentrează-te pe soluții. Uneori, suntem atât de prinși în limitările noastre încât nu vedem decât problemele și obstacolele, ajungând chiar să ne identificăm cu ele. Este important de știut faptul că nimic nu-i identic cu tine și că problemele apar într-un context, pe un anumit fond emoțional. De aceea, este necesar să investighezi cu atenție lumea ta interioară pentru a descoperi de ce problemele persistă. Uneori, ele nu încetează să dispară pentru că ne aduc beneficii. Sunt aceste beneficii mai mari decât prejudiciile? Încearcă să privești obstacolele ca un observator, de multe ori soluția este atât de aproape încât nu o mai vezi. Este nevoie doar să înlături vălul care s-a așternut în fața ta.

Ia-ți un timp pentru autoreflectare. Oamenii care înaintează frumos în viață, sunt cei care își alocă timp pentru a reflecta asupragândurilor, sentimentelor, comportamentelor și acțiunilor lor. Acești oameni au învățat ce funcționează și ce nu pentru ei. Și-au ajustat cursul vieții adoptând o abordare diferită pentru că și-au alocat timp de gândire, de reflectare în privința acțiunilor lor şi a consecințelor pe care acestea le-ar putea avea. Doar prin autoreflectare, vei câştiga perspective noi şi înțelegerea necesară pentru a învinge autosabotarea şi pentru a începe procesul transformării. Află ce nevoi sau dorințe încerci să satisfaci şi preocupă-te de a-ți cunoaşte lumea interioară a sentimentelor, motivelor, a proceselor mentale şi a aspirațiilor pentru că asta îți garantează reuşita. Ține minte: dacă lumea interioară nu este exploatată, lumea exterioară este sterilă.

FRICILE

Ni s-a dat o viață. ACEASTĂ viață! Odată cu ea, ni s-a oferit posibilitatea de a alege. Putem alege să trăim experiențe valoroase sau putem alege să alunecăm în neant. Putem alege să trăim o continuă aventură sau putem alege să putrezim. Putem alege să ne resemnăm și să ne desfășurăm existența într-o totală uitare de sine sau putem alege să trăim cu grație. Putem alege să trăim frământați de neliniști și îndoieli sau putem alege să zburăm pe culmi. Zborul pe culmi se cheamă **FERICIRE**. Tu ce alegi?

Viața ta este o oglindă a gândirii tale. Succesul tău este rezultatul alegerilor tale. Simți nevoia de miracole? Fii chiar tu unul. Simți un pustiu imens în tine? Atunci trăiești dominat de frici, iar sufletul tău tânjește după libertate. Află că frica paralizează viața sufletească. Cu toate astea, pe baza fricii se construiesc pilonii pentru viitor. Dacă știi să gestionezi frica, ești capabil să guști adevărata savoare a vieții.

Până și cei mai puternici dintre noi se prăbușesc, este uman. Un om fără temeri este un om care nu există. Fiecăruia dintre noi îi este frică de ceva. Ceea ce îi separă pe învinși de învingători este modul în care gestionează frica. Intră în arenă ca un gladiator și înfrânge leul! Vei fi aclamat!

Fricile sunt creaturi viclene. Ele acționează la nivel subconștient și pun stăpânire pe tărâmul tău interior, blocându-te în zona de confort ca într-o dulce închisoare. Pe măsură ce devii conștient de fricile tale și te confrunți cu ele, evadezi. Când evadezi, se trezesc zone ale sufletului tău care până atunci au dormitat.

Ce cauzează frica?

Frica este o emoție fundamentală și apare ca răspuns firesc la pericol sau durere. Oamenii de știință consideră că frica este un rezultat al selecției naturale. În trecut, principalele activități ale oamenilor erau lupta pentru supraviețuire și reproducerea. Frica se instala în momentul în care recunoșteau situații periculoase, iar pe baza ei erau capabili să le evite.

Se știe faptul că până în prezent oamenii de știință nu au reușit să ofere o explicație concretă a felului în care emoțiile ne sunt provocate. Frica însă este singura emoție al cărei mecanism de funcționare a fost desluşit. Fie că este vorba despre un pericol iminent, fie că vorbim despre imaginarea unei situații periculoase, componenta centrală a acestei senzații este amigdala din creier. Amigdala are o structură migdalată și reprezintă centrul de procesare a fricii. Hiperactivitatea din amigdală poate fi văzută cu ajutorul rezonanței magnetice. Testele au arătat că hiperactivitatea la nivelul amigdalei se produce în momentul în care oamenilor li se arată imagini amenințătoare.

Această amigdală controlează reacțiile autonome asociate fricii și excitației sexuale. Ea reprezintă sistemul de răspuns al creierului la stimulii externi. Dacă aceasta este afectată, persoana care este pusă în fața unei situații amenințătoare nu mai experimentează frică sau o resimte la o intensitate foarte scăzută.

Tipuri de frici

Acum, pentru că ai aflat mecanismul de funcționare al fricilor, dar și modul în care ele îți pot afecta calitatea vieții, ești pregătit să descoperi care sunt cele mai comune frici umane și modalitățile princare le poți depăși pentru a trece bariera și a păși într-o lume nouă, plină de posibilități.

Frica de respingere

Frica de respingere este una dintre cele mai comune frici atât printre femei, cât și printre bărbați. Este o frică irațională, ilogică, apărută ca urmare a gândurilor noastre în legătură cu sinele. Frica de respingere te împiedică să abordezi o persoană pe care o placi, să îți expui și susții punctul de vedere, să ceri o recompensă pe măsura muncii tale. Este o frică paralizantă, care are drept consecințe diminuarea stimei de sine, reducerea la tăcere sau adoptarea unor mecanisme puternice de autoapărare care au ca rol mascarea incertitudinilor, insecurităților care macină interiorul. Ca mecanisme de autoapărare, frecvent întâlnite sunt ironia, lacrimile, umorul și lauda.

Frica de respingere se află în strânsă interacțiune cu stima de sine. Ea se dezvoltă pe fondul lipsei simțului propriei valori și este un important consumator de energie fizică și spirituală. Această teamă ne determină să adoptăm măști, să jucăm roluri, să ridicăm bariere între noi și ceilalți, ne împiedică să ne arătăm adevărata fațetă, sinele autentic și vulnerabilitatea. Ajungem astfel în situația de a nu ne mai speria de o mască, ci de ceea ce se ascunde în spatele ei. Teama de respingere este o piedică în calea intimității și, inevitabil, un declanșator al suferinței. Suferim psihic, dar și fizic pentru a crea o imagine cât mai aproape de ideal, pe care ne dorim cu disperare ca cei din jur să o venereze.

Persoanele care trăiesc sub influența fricii de respingere se hrănesc cu validare, acceptare și aprobare din partea celor din jur. Paradoxal, acesta este un act de proprie devastare.

Dacă simți că ești victima acestei frici, trebuie să știi că pentru a o controla este necesar să lucrezi la stima de sine, să înveți să îți cultivi sentimentul propriei valori, să îți recunoști calitățile, să îți accepți defectele, să rupi sigiliul sufletului tău pentru a putea citi conținutul. Doar așa vei putea păși într-o lume în care vei conștientiza că respingerea este umană și că, de multe ori, ea nu are legătură directă cu tine, ci cu percepțiile și proiecțiile celorlalți.

Bo Bennett spune:

„Oamenilor nu le este frică de respingerea în sine, ci de consecințele respingerii. Pregătindu-te să accepți acele consecințe și să privești respingerea ca pe o experiență care te va aduce mai aproape de succes, nu doar că va ajuta să cucerești frica de respingere, dar te va și ajuta să apreciezi respingerea în sine."

Frica de succes

Frica de succes acționează la nivelul subconștientului și are puterea de a te transforma în propriul tău prizonier. Frica de succes este o lipitoare, un parazit ce se hrănește cu stima ta de sine și expandează pe măsură ce imaginea ta în legătură cu propria persoană se deteriorează.

De ce i-ar fi cuiva frică de succes? Este o întrebare firească ce răsare în conștiință. Succesul vine la pachet cu responsabilitățile, succesul presupune etalarea unor calități și satisfacerea anumitor așteptări. Teama apare atunci când nu ești sigur de calitățile tale, când nu ești sigur de valoarea ta, când nu ai suficientă încredere în forțele proprii, când nu te consideri suficient de bun, de frumos sau de deştept pentru a face faţă provocărilor şi a te menţine în vârf. Succesul îţi testează limitele şi te face vulnerabil în faţa unor situaţii noi, îţi expune slăbiciunile şi te forţează să te confrunţi cu defectele tale.

Frica de succes poate fi la fel de paralizantă ca frica de eşec, succesul poate fi intimidant şi provocator, iar acest lucru dă naştere unor acte de autosabotaj pe care le foloseşti apoi drept scuze pentru a-ţi justifica pasivitatea. Această teamă te determină să accepţi varianta comodă şi să rămâi încătuşat în zona ta de confort, trăind dominat de un sentiment de falsă libertate. Îţi plac atât de mult lucrurile cu gust familiar?

Care sunt cauzele fricii de succes?

Aşa cum am mai specificat, frica de succes apare pe fondul lipsei încrederii în propria persoană şi a stimei de sine. În general, sentimentul că nu suntem valoroşi, că nu deţinem calităţi care ne garantează succesul, sunt urmare a convingerilor noastre adânc întipărite în subconştient.

Aceste convingeri s-au închegat pe baza părerii celor din jur despre propria persoană. Dacă ai fost crescut de părinţi care ţi-au repetat constant că *„eşti prost, nu ştii nimic, nu eşti bun de nimic"*, oricât de multe abilităţi ai poseda, nu vei reuşi să cunoşti succesul decât atunci când vei scăpa de poverile emoţionale. Învaţă să distingi vocea ta de a celorlalţi pentru a deveni o fiinţă autonomă!

Frica de succes îţi poate sabota:

Greutatea - Clasicele exemple ale celor care ţin dietă, ajung la greutatea ideală, se simt copleşiţi, convinşi fiind că nu merită să arate atât de bine şi, pe fondul disconfortului emoţional, recâştigă rapid kilogramele pierdute.

Relaţia - O persoană îşi doreşte un partener de viaţă, îl găseşte, pune bazele unei relaţii, iar apoi îi caută defecte partenerului pentru a le utiliza drept scuză pentru eşecul relației. De fapt, în inconştient, această persoană nu consideră că merită să fie fericită şi iubită.

Afacerea - Foarte mulți oameni pornesc din start afaceri fără sorți de izbândă sau sabotează pe parcurs procesul de expansiune, de evoluție, dând dovadă de lipsă de viziune sau ambiție. Aceşti oameni nu se consideră capabili, nu cred că ei sunt deținătorii calităților necesare pentru a avea succes. Din nou, cheia depăşirii acestei frici constă în ridicarea nivelului încrederii şi a stimei de sine. Stima de sine scăzută se asociază cu protecția de sine, cu prudența, iar prudența dă naştere pasivității.

Frica de angajament

Unii oameni par cronic incapabili să îşi asume angajamentul, atât în cadrul unei relații, cât și în alte planuri ale vieții, cum ar fi cel profesional.

Angajamentul este perceput ca o deprivare de libertate, iar acest fapt este înspăimântător şi produce teroare în conştiința persoanei dominate de această frică.

Care sunt cauzele fricii de angajament?

S-ar putea spune că există la fel de multe cauze precum numărul celor afectați de această frică. Iar asta pentru că fiecare dintre noi are parte de experiențe unice pe măsură ce creşte, iar sentimentele provocate de aceste etape pe care le depăşim sunt resimțite la o intensitate diferită de oricare dintre noi.

Totuşi, cauzele cele mai comune sunt:

- Pierderea unei persoane dragi;
- Traume suferite în copilărie;

- Abuzuri suferite în copilărie;
- Divorțul părinților;
- Modele disfuncționale în perioada copilăriei;
- Experiența personală a unui divorț sau a unei despărțiri.

Frica de angajament se manifestă ca mecanism de autoapărare al sinelui.

Să luăm exemplul unei persoane care în perioada copilăriei a suferit traume sufletești severe de pe urma acțiunilor cuiva drag. Probabil, acest fapt nu este prezent la nivelul conștientului, dar, cu siguranță, el este foarte activ la nivel subconștient. Comportamentul persoanei în cauză este dictat de această experiență. Prin urmare, ea va crea diverse mecanisme defensive pentru a evita să ajungă din nou în situația de a fi dezamăgită, de a i se înșela încrederea și de a permite să i se răvășească lumea interioară.

Frica de angajament poate avea consecințe emoționale devastatoare, ea cultivă singurătatea, te împiedică să ai parte de apropiere, de dragoste autentică și de intimitate emoțională.

Frica de eșec

Una dintre cele mai comune frici umane, care te prinde într-un vârtej negativ și îți afectează profund structura personalității este frica de eșec. Oamenii care trăiesc o viață stăpânită de frica de eșec deseori întâmpină dificultăți în drumul lor către îndeplinirea obiectivului stabilit și nu ajung la destinația dorită.

Frica de eșec te determină să eviți situații noi, necunoscute, te împinge să accepți o condiție a secundariatului, să rămâi în penumbră, în planul doi şi să înnăbuşi orice ambiţii fireşti care răsar în conştiinţa ta.

Cuprinşi de această stare de spaimă, oamenii încetează să mai acţioneze pentru succes, refuzându-şi astfel orice posibilitate de afirmare ce ar putea naşte sentimente de satisfacţie. Orice activitate pe care aceşti oameni o desfăşoară are ca scop evitarea eşecului. Frica de eşec cultivă mediocritatea, te transformă într-un om mediocru şi te împiedică să fii extraordinar, măreţ.

Care sunt cauzele fricii de eşec?

Cauzele acestei frici îşi au, de cele mai multe ori, rădăcinile în copilărie. Mulţi părinţi îşi cresc copiii cu mesajul că nu sunt suficient de buni, iar orice greşeală este taxată. Creştem cu impresia că nu avem voie să greşim, iar intensitatea sentimentului propriei valori scade cu fiecare eroare pe care o producem. Prin urmare, la maturitate acceptăm varianta cea mai comodă şi preferăm să trăim o viaţă lipsită de expresie. Trecem prin viaţă fără a lăsa urme şi ne trădăm pe noi înşine din frica de a nu fi catalogaţi drept învinşi. În realitate, simplul fapt că nu încercăm ne îngenunchează şi ne determină să ratăm oportunităţi lăsând clipele magice să treacă neobservate.

O altă cauză a apariţiei fricii de eşec o reprezintă gândurile bazate pe prejudecăţi. Cultura populară, deseori, ne bombardează cu mesaje care susţin faptul că oamenii de succes sunt mai valoroşi şi mai inteligenţi decât ceilalţi. Termenului de succes i s-a atribuit o definiţie specifică şi limitatoare care se rezumă la glamour, atractivitate, bunăstare, putere sau statut financiar. Ca o consecinţă a faptului că auzim constant aceste mesaje, am ajuns să trăim cu convingerea că eşecul este un lucru ruşinos şi frica se instalează ca urmare a gândului că eşuând vom fi mai puțin iubiți, apreciați şi valorizați. Există un singur lucru care să însemne eşec, iar acela este renunțarea.

Frica de intimitate emoțională

Nimeni nu doreşte să sufere din cauza unei alte persoane. Cearta cu un prieten, o despărțire sau un divorț pot avea un impact foarte mare asupra calității vieților noastre, provocând cicatrici emoționale şi lăsând în inimă o undă de amărăciune.

Frica de intimitate emoțională este o tulburare de anxietate ce rezultă din dificultatea de a forma o relație strânsă cu o altă persoană. Este o „boală" socială apărută în urma desfăşurării teatrale a lumii în care trăim. Suntem tot mai predispuşi laa adopta măşti şi la a crea imagini luminoase cât mai aproape de perfecțiune. Pe măsură ce petrecem mai mult timp în această lume haotică, ni se întipăreşte mai bine în minte convingerea că nu vom fi acceptați aşa cum suntem noi în realitate. Prin urmare, preferăm să ne ascundem vulnerabilitatea şi eul autentic în spatele unor măşti şi să ne trăim viața după nişte scenarii prestabilite, considerând că acest comportament este o dovadă de adaptabilitate.

Această teamă se manifestă, de fapt, ca o frică de apropiere şi contact. Persoana care se confruntă cu teama de intimitate evită să permită celorlalți să vadă cine este cu adevărat şi afişează o imagine bine lucrată în spatele căreia zace, de fapt, un suflet zdrențuit de îndoieli şi nesiguranță. Oamenilor le este teamă de a fi părăsiți, le este frică de angajament, de respingere, de critică, de judecată, de abandon. Pentru a se feri de suferință, oamenii îşi trădează propria ființă, semnând astfel un act de proprie devastare.

Care sunt cauzele fricii de intimitate?

Un factor important care stă la baza fricii de intimitate îl reprezintă mediul familial. Această teamă se dezvoltă pe parcursul copilăriei şi acționează ca un comportament de protecție. Frica de intimitate emoțională are accente grave în cazul celor care au trăit într-o familie în care exprimarea emoțiilor era considerată o slăbiciune. Dacă părinții nu şi-au exprimat dragostea, s-au comportat abuziv ori au abandonat copilul, este firesc ca acesta să se teamă de o experiență similară în urma căreia s-ar simți respins şi neiubit.

Un alt element care accentuează această frică îl reprezintă istoricul afectiv. O persoană care se fereşte de apropierea emoțională, foarte probabil că a avut parte de suferințe şi pierderi personale şi, în consecință, preferă să rămână închisă într-o carapace protectoare pentru a se feri de trădare şi durere. Atunci când ceva rău ni se întâmplă avem tendința de a ne aranja viețile astfel încât să ne protejăm împotriva situațiilor asemănătoare. Desigur, acest fel de autoprotecție duce la izolare şi nu vindecă plăgile sufleteşti, ba din contră întreține o viață interioară palidă şi săracă.

Frica de intimidate văzută prin ochii celui care a întâlnit dificultăți emoționale poate fi devastatoare pentru partenerul său. Imaginează-ți viața trăită alături de o persoană care, pe baza fricii, sabotează fiecare încercare a ta de a avea o relație normală şi funcțională. Tu eşti cel constant respins şi ajungi să consideri că, de fapt, problema cu intimitatea este chiar a ta. Persoanele care adoptă acest mecanism vor folosi adesea tot ceea ce le stă la îndemână pentru a-şi ascunde vulnerabilitatea sub o mască, chiar dacă acest lucru presupune renunțarea la onestitate. Deseori, te vor învinovăți pe tine pentru a se proteja pe ei.

Intimitatea ar trebui să creeze un loc al încrederii în care să ne simțim în siguranță, acceptați, iubiți și respectați. O relație sănătoasă se presupune că îți permite să simți libertatea de a-ți împărtăși gândurile, de a-ți expune defectele, imperfecțiunile, fără teama că vei fi respins. O relație sănătoasă ar trebui să constituie un loc al păcii, un loc al creşterii şi al dezvoltării pentru ambele părți, un loc prielnic pentru a descoperi frumusețile şi minunățiile lumii.

Frica de singurătate

Singurătatea în sine nu trebuie echivalată cu teama de singurătate. Orice om are momente în care preferă să fie singur din diverse motive. Singurătatea în doze recomandate poate constitui o experiență pozitivă, plăcută, de relaxare emoțională, de regăsire şi poate fi controlată de către individ. Singurătatea este starea de izolare care are la bază o alegere conştientă.

Teama de singurătate, însă, dă naştere unor sentimente puternice de goliciune interioară şi, paradoxal, duce la izolare. Pentru cei care se tem de singurătate, aceasta constituie mai mult decât sentimentul de securitate determinat de compania sau prezența altor oameni. Cei ce trăiesc dominați de această teamă se gândesc cu groază la eventualitatea în care ar rămâne singuri, dând naştere astfel unui răvăşitor tumult interior. Singurătatea duce la deconectare, la alienarea propriei persoane şi provoacă un disconfort emoțional sever, insecuritate, anxietate sau chiar depresie. Frica de singurătate îți poate afecta calitatea vieții, îți poate deteriora sufletul, transformându-l într-un morman de ruine.

Studiile şi cercetările au evidențiat faptul că principalul motiv pentru care oamenii pun bazele unei relații şi, de cele mai multe ori, continuă să o întreţină în pofida faptului că ea nu este funcțională, îl reprezintă această teamă de singurătate. Nu te aştepta să înmugurească în interiorul tău dorința şi plăcerea de a trăi deliciile vieţii dacă tu te complaci într-o astfel de situație. Orice relație bazată pe frică este condamnată la nefericire.

Care sunt cauzele fricii de singurătate?

După cum am mai precizat, teama de singurătate poate avea drept cauză anumite scenarii create în imaginație. Gândul că într-o zi ai putea pierde persoanele dragi, apropiate, poate duce la disperare, neputință şi sensibilitate aproape bolnavă. Mintea este o maşinărie puternică, ea poate crea realitatea, aşa că în astfel de cazuri conştientizarea este factorul cheie care poate duce la vindecare.

O altă temă de viață care poate declanşa frica de singurătate este abandonul. Dacă priveşti atent în jur ajungi la concluzia inevitabilă că majoritatea celor care au fost abandonați de către un părinte, de către ambii părinți sau de o persoană cu însemnătate emoțională, sunt cei mai predispuşi să întemeieze o relație cu primul venit, doar pentru a evita singurătatea. Acest comportament însă, în loc să creeze linişte interioară, provoacă mai mari dezastre sufleteşti.

Frica de singurătate poate fi cauzată de diferite lucruri. Poate, ai fost sau te-ai simțit abandonat într-un moment al vieții tale şi ai asociat singurătatea cu lipsa de iubire şi neglijența. Frica de singurătate poate fi legată de lipsa încrederii în sine şi de credința că orice ai face, orice ai clădi, orice ai realiza, nu te poți bucura dacă eşti singur.

Un alt factor declanşator al acestei frici poate fi reprezentat de comportamentul parental. Dacă părinții au ales drept pedeapsă pentru copilul lor izolarea pe o anumită perioadă de timp, atunci, evident, pentru acesta singurătatea provoacă sentimente de frică, neputință, disperare, vinovăție. Astfel de atitudine din partea persoanelor care ar trebui, în fapt, să ofere protecție, poate da naştere unor traume severe. Anxietatea resimțită de cel care a trecut printr-un astfel de eveniment are drept consecință simptome somatice ca greață, transpirație, respirație sacadată sau bătăi neregulate ale inimii.

Poți depista frica de singurătate şi în funcție de simptomele somatice pe care aceasta le creează. Prin urmare, dacă experimentezi unele din cele pe care le voi enumera mai jos, fii foarte atent, este posibil ca ele să fie declanşate tocmai de aceasta frică. Iată care sunt simptomele fizice:

- Transpirație;
- Senzație de gura uscată;
- Agitație;
- Imposibilitate de a vorbi coerent;
- Pierderea controlului asupra corpului tău;
- Respirație anormală;
- Atacuri de panică;
- Senzație de greață;
- Ritm cardiac rapid.

Dacă te regăseşti în una sau mai multe din situațiile expuse, atunci este cazul să acționezi, să te confrunți cu frica şi să încerci să o învingi. Este necesar să înveți să te simți bine în compania ta, să înțelegi şi să accepți faptul că oamenii vin şi pleacă şi că nu ai nevoie de nimeni pentru a aduce calmul pe tărâmul tău sufletesc. Atunci când depăşeşti această teamă, îți câştigi autonomia, independența şi încrederea în sine.

Cum îți controlezi fricile

Fricile sunt emoții fireşti care apar deseori pe radarul emoțional. Ele fac parte din natura noastră şi, oricât ne-am dori, nu le putem anihila complet. Pentru a atinge fericirea este necesar să nu ne lăsăm conduşi de temeri, ci să învățăm să le controlăm. Pentru asta este necesar să le cunoaştem, să le recunoaştem şi să acționăm în consecință.

Există două tipuri de frici, **fricile interioare** şi **fricile exterioare.**

Fricile interioare sunt cele care iau naştere în nucleul sufletesc şi care îți ruinează respectul de sine, ținându-te blocat într-o închisoare imaginară şi împiedicându-te să guşti adevărata savoare a vieții. De foarte multe ori, ele sunt iraționale şi se bazează pe informații incomplete.

Fricile exterioare apar ca urmare a acțiunii unor factori externi, pe care nu îi poți controla şi reprezintă un răspuns firesc la situații amenințătoare.

Pentru a controla fricile şi a evita să fii pus în situații limitative este foarte important să devii conştient de cele care încercă să pună stăpânire pe tine. O modalitate foarte eficientă pentru a monitoriza temerile este aceea de a nota într-un jurnal ceea ce te înspăimântă. Sigur, mintea noastră este bombardată de diverşi stimuli în orice moment al zilei şi poate că petrecem întreaga zi sub influența diverselor temeri. Dacă ai nota de fiecare dată când eşti bântuit de fantomele născute din frică, viața ta s-ar transforma într-un haos. Şi, pentru că nu-ți doreşti să ai parte de scurtcircuite la nivelul minții, este suficient să petreci câteva momente la sfârşitul zilei pentru a nota în jurnal tot ceea ce a creat în sufletul tău o epidemie de frică şi grijă în ziua respectivă.

Frica îți intră în suflet și îți amorțește ființa.

Te simit epuizat psihic?

Te mulțumești cu puțin ca să poți suporta viața?

Apele sufletului tău sunt zdruncinate?

Atunci e cazul să analizezi foarte atent fricile pe care le-ai trecut pe lista ta, pentru că este foarte probabil ca ele să te controleze în acest moment. Ia fiecare temere în parte, pentru că ea a luat naștere în urma unor experiențe de viață agresive și doar cunoscând cu adevărat de la ce provine fiecare, vei reuși să le controlezi.

„E dificil să încerci să controlezi o durere pe care nu o cunoști." - **Alexandre Dumas, fiul.**

Doar atunci vei fi pregătit să treci la pasul următor:

Cea mai puternică întrebare al cărei răspuns te poate ajuta să preiei controlul asupra vieții tale și să te supui unei remodelări emoționale cu scopul de a ajunge cât mai aproape de o viață magnifică și fericită este:

„Care este cel mai rău scenariu care s-ar putea adeveri?"

Mintea umană este o mașinărie complexă, iar imaginația nu are limite. De multe ori, gândurile noastre sunt exagerate și au la bază o combinație subiectivă între ceea ce se întâmplă și ceea ce trăim. Răspunzând la întrebarea de mai sus, deseori devenim conștienți de faptul că cel mai rău scenariu nu este chiar atât de înspăimântător precum ni l-am imaginat, iar, dacă s-ar adeveri vreodată, am putea foarte bine să ne continuăm viața fără urme de tragism.

Cele mai comune frici ale noastre provin din lucruri amorfe, din patternuri de gândire pe care le-am creat și pe care le-am întărit. Provin din credințe și convingeri false ce cultivă mediocritatea și trăiesc în interiorul egoului nostru, partea aceea din noi care este înspăimântată, partea unde copilul interior caută neîncetat siguranță și confort.

Frica ne transformă în prizonieri ce trăiesc încătușați de ani buni. Când reușim să evadăm și ne vedem din nou în libertate, lumea nouă din jurul nostru ne pare copleșitoare, intimidantă. O perioadă, visăm să simțim iarăși confortul și siguranța mentală din spațiul cunoscut nouă. Cu timpul, disconfortul creat de ieșirea din zona de confort se transformă în plăcere și ajungem să înțelegem că frica este o componentă necesară pentru creșterea, dezvoltarea și schimbarea noastră.

Frica este bariera cea mai puternică pe care trebuie să o depășești dacă îți dorești să trăiești îndrăzneț. Experimentezi teamă zilnic, în diverse doze. Nu faci ceva ce îți place pentru că îți este frică, prin urmare faci doar lucruri care nu îți aduc satisfacție. Frica este un demon care te împiedică să evoluezi, să atingi succesul și să trăiești fericirea.

Vrei să experimentezi fericirea în stare pură și bucuria de a trăi?

Vrei să învingi demonul fricii?

Dacă răspunsul este pozitiv, atunci:

Rămâi deschis la toate posibilitățile. Uneori, îți dorești să cotești la dreapta, dar viața îți indică drumul din stânga. Ce poți să faci atunci? Cântărește oportunitățile și ascultă-ți instinctul. Orice experiență este măreață și trebuie să îți amintești că tu ai puterea de a schimba oricând strategia, dacă nu te avantajează direcția pe care ai abordat-o.

Îmbrățișează schimbarea. De ce ne este atât de frică de schimbare, când ea este un lucru atât de firesc? Știm cu toții că mâine nu va semăna cu azi și totuși ne împotrivim inevitabilului și alegem să ne petrecem viața închiși într-o carapace pentru a evita durerea și confruntarea cu experiențele negative. Îți place atât de mult să fii normal? Normalitatea te reduce la tăcere, te limitează... Ieși din mulțime pentru a avea parte de mai multă energie, rezistență, forță de realizare, creativitate! Ieși din mulțime pentru că tu ești predispus să atingi cea mai înaltă tensiune a potențialului tău!

Găsește-ți mentori. Cei mai mulți dintre noi visează să ajungă singuri pe culmi, să cucerească tărâmuri virgine și să atingă acel succes culminant, memorabil, de neuitat. Avem tendința de a scoate din context și de a privi doar acea parte a realității care ne încântă. În spatele fiecărui succes, stau multe eșecuri și în spatele oricărui om de succes, există mentori și echipe. Un mentor te poate învăța ce greșeli să eviți pentru a scuti timp și energie. Nu ignora acest pas!

Provoacă-te constant. Viața este plină de provocări. Dacă ești paralizat de frică în oricare domeniu al vieții tale, ratezi oportunități și îți scazi șansele de a deveni măreț. Depistează frica și provoacă-te constant pentru a ajunge în acel punct al existenței tale în care poți afirma deschis că tu ești o plăcere pentru tine însuți.

Gândește îndrăzneț. De ce nu? De ce să nu-ți faci planuri îndrăznețe, de ce să nu iei decizii provocatoare? Nu știi cum te vei descurca până când nu vei încerca. Poți să rămâi minuscul și să permiți fricilor să îți absoarbă suflarea sau poți trăi o viață extraordinară. Nu ești o mașinărie uitată într-un colț, condamnată la ruginire! Vrei să trăiești intens sau vrei să putrezești?

Acționează. Acțiunea este cel mai precis leac contra fricii. Decide ce este acel ceva pe care îți dorești să îl realizezi și începe să muncești pentru a-l obține! Acțiunea este mai puternică decât o mie de cărți bune de dezvoltare personală, decât toate cursurile motivaționale la un loc sau decât toate planurile mărețe. Fără acțiune, nimic nu e posibil!

Consecințele fricilor noastre

Fricile noastre nu sunt pur şi simplu evenimente izolate, ele au impact asupra realității noastre curente şi asupra circumstanțelor viitoare, în măsura în care noi le permitem să ne controleze. Fricile noastre:

Cultivă rezistența. Frica te trage înapoi în zona ta de confort, acolo unde siguranța şi supraviețuirea sunt principalele preocupări. Momentul, în care tu opui rezistență pentru că trăieşti dominat de o frică irațională, este momentul în care le permiți oportunităților să treacă pe lângă tine. Aceste oportunități pot apărea sub forma obiectelor, a evenimentelor, a oamenilor sau chiar a creşterii personale. Oportunitățile vin şi pleacă, dacă nu profiți de ele atunci când apar, să nu te miri că sufletul tău este trist şi fără sprijin.

Cultivă nesiguranța. De fiecare dată când cedezi fricilor tale, sădeşti în interior semințele nesiguranței, care, odată ajunse la maturitate, împrăştie în sufletul tău otravă. Nesiguranța este, în fapt, o lipsă de încredere în propria persoană şi în abilitățile proprii. Nesiguranța este un precursor al depresiilor şi este rezultatul incapacității tale de a lupta cu fricile într-o modalitate rațională şi proactivă. Atunci când te simți nesigur, începi să ai îndoieli în privința tuturor deciziilor tale, iar acest lucru tulbură odihna sufletului tău.

Cultivă comportamente distructive. Frica cultivă şi întăreşte comportamentele distructive care te sabotează şi te împiedică să te laşi purtat pe brațele bucuriei pure, izvorâte din interiorul ființei tale. Comportamentele distructive apar sub forma obiceiurilor toxice ca lenea, amânarea, scuzele, neîncrederea, neglijarea intenționată a responsabilităților față de tine însuți şi față de cei din jur. Aceste comportamente îți afectează structura vieții emoționale şi, uneori, te pot pune în situații stânjenitoare.

Frânează motivaţia. Motivaţia este o componentă necesară care te menţine pe drumul către o viaţă magnifică, presărată cu clipe de neuitat. Fricile se hrănesc cu motivaţia noastră, ele nasc o sumă de blocaje iraţionale care ne condiţionează să trăim pe baza convingerii că speranţa este zadarnică şi că îndrăzneala este întotdeauna pedepsită, iar, dacă totuşi vom îndrăzni să acţionăm, viaţa ne va aşeza la locul nostru şi ne va da o lecţie dureroasă.

Frânează creşterea emoţională şi intelectuală. Pentru a creşte şi a te dezvolta emoţional şi intelectual, este imperios necesar să ieşi din zona de confort şi să fii întotdeauna deschis către noi experienţe. Dacă, totuşi, fricile tale dictează acţiunile şi deciziile tale zilnice, atunci comportamentul de ezitare îţi domină viaţa şi are drept rezultat acţiuni începute, dar neterminate. Iar această atitudine nu promovează efervescenţa mentală. Viaţa este concepută că o unealtă progresivă care ne provoacă constant şi ne predă lecţii ce ne vor influenţa expansiunea emoţională şi intelectuală. Fără experienţe nu putem creşte, fără creştere nu putem evolua, iar fără evoluţie, viaţa este zadarnică şi seacă din punct de vedere sufletesc şi mental.

Frânează luarea efectivă a deciziilor. Pentru că fricile sunt interpretări iraţionale pe care le atribuim realităţii fizice, ele au puterea de a frâna în mod natural capacitatea noastră de a decide. Realitatea este mobilă, în fiecare clipă se petrec transformări radicale, majore şi apar mereu întâmplări mai puţin scontate. Dacă permitem fricilor să ne înceţoşeze privirea de fiecare dată când se petrec schimbări, atunci ne transformăm în sclavi. De accea, este foarte important să ne menţinem lucizi în orice situaţie pentru că dincolo de frică se află soluţiile, iar noi trebuie să decidem care sunt cele ce ne aduc mai multe beneficii.

Frânează dezvoltarea abilităţilor esenţiale. Fricile tale te împiedică să acţionezi şi să trăieşti succesul, dar şi eşecul, menţinându-te la un nivel de invizibilitate care nu îţi aduce beneficii. Acceptarea mediocrităţii, refuzul de a lupta, are consecinţe nefaste în ceea ce priveşte evoluţia ta pentru că prea multă stabilitate înseamnă stagnare, iar stagnarea te împiedică să dezvolţi o serie de abilităţi necesare îndeplinirii diverselor obiective. Ne dezvoltăm abilităţile în urma experienţelor pe care le trăim, doborând obstacolele şi confruntându-ne cu problemele. Învaţă să foloseşti viaţa pentru a fi fericit!

AMÂNAREA

Potrivit psihologului **Clarry Lay,** amânarea apare atunci când există un decalaj temporar între intenția comportamentală şi comportamentul adoptat. Amânarea este perioada semnificativă de timp dintre ceea ce ne propunem şi momentul când îndeplinim ceea ce ne-am propus.

Amânarea, procrastinarea sau tergiversarea se referă la actul intenționat, deliberat, de a te debarasa de sarcinile pe care trebuie să le duci la îndeplinire, de a lăsa totul pe „mai târziu". Amânarea este un act de evitare. Oamenii care adoptă un comportament de amânare au tendința de a-şi ocupa timpul cu acte banale, doar pentru a evita să ducă la îndeplinire sarcinile importante. Cei care au tendința de a amâna lucrurile dezvoltă adesea stări de anxietate, frustrare, sentimente de vinovăție, stres. Amânarea este un obicei care ne afectează standardul de lucru, productivitatea, starea emoțională şi prin urmare calitatea vieții.

Care sunt efectele amânării?

Consecințele amânării sunt multiple, iar întărirea acestui comportament poate duce la:

Dezorganizare. Oamenii care suferă de acest aşa-zis „sindrom al tergiversării" au tendința de a-şi pierde capacitatea de organizare. Asta pentru că amânarea te determină să îți neglijezi munca urgentă şi importantă în favoarea altor sarcini mai mici şi mai nesemnificative. În consecință, activitățile prioritare rămân în planul doi, iar persoanei în cauză îi este dificil să le îndeplinească la termen din cauza volumului mare de sarcini urgente. Ajunse în fața unei astfel de situaţii, persoanei îi este foarte greu să îşi organizeze desfăşurarea activităţii şi, din cauza presiunii pe care o resimte, a stresului, a sentimentului de vină care o încearcă, ea acţionează haotic în speranţa că va duce totul la bun sfârşit, indiferent de calitatea muncii sale.

Uitarea. De obicei, atunci când amâni să duci la îndeplinire anumite sarcini consolându-te cu faptul că te vei ocupa de ele „mai târziu", ai tendinţa să uiţi că le-ai pus în „stand by". Faptul că te angajezi în diverse alte activităţi, îţi poate distrage atenţia de la lucrurile importante, riscând astfel să ajungi în situaţii dificil de gestionat, care cultivă teroarea în suflet şi în conştiinţă.

Evitarea. Aşa cum am mai spus, amânarea este un act de evitare. Eviţi să duci la îndeplinire obiectivele importante şi automat eviţi oamenii cărora trebuie să le raportezi sau chiar locul în care îţi desfăşori activitatea. Atunci când se simt copleşiţi, unii angajaţi îşi anunţă superiorii că nu pot ajunge la serviciu din diverse motive, în general, cele mai comune fiind cauzele medicale, doar pentru a nu fi nevoiţi să ofere explicaţii pentru faptul că nu şi-au dus la bun sfârşit munca. Procrastinarea este un obicei greu de depistat de către cel care o trăieşte, pentru că el evită subconştient să se gândească la faptul că are o problemă. Acest lucru poate fi un indicator al unor viitoare dezechilibre psihologice, emoţionale, întrucât, în timp, acea persoană poate dezvolta stări de anxietate, depresie sau chiar deficit de atenţie.

Unii oameni nu ajung niciodată să cunoască sensul adevărat al fericirii, pentru că ei continuă să întărească anumite comportamente care îi limitează şi le pun sub semnul interzicerii autonomia şi libertatea de mişcare. Amânarea este un astfel de comportament distructiv, care pune stăpânire asupra diverselor planuri ale vieţii tale, determinând instalarea frustrărilor, tensiunilor, fricii, singurătăţii, îngrijorării şi, de multe ori, a colapsului financiar. Tendinţa de procrastinare

are un impact major şi în planul sănătăţii, provocând tensiune, boli de inimă şi ulcer.

Când amânarea pune stăpânire pe fiinţa ta şi devine ca o a doua ta natură, ajungi să fii doar un pion pe o tablă de şah. Acest lucru te transformă în propriul tău tiran pentru că:

Ratezi oportunităţi. Amânând să duci la îndeplinire lucrurile importante, poţi ajunge în situaţia de a-ţi strica reputaţia, de a fi catalogat drept neserios, de a rata diverse oportunităţi de avansare la locul de muncă, de a-ţi extinde propria afacere sau de a pune bazele unei relaţii solide. Amânarea este un duşman aprig, privind prin prisma faptului că pune piedici în procesul de descoperire a potenţialului tău.

Îţi afectează sănătatea. Ţi-ai făcut abonament la sală şi ţi-ai promis că vei merge de fiecare dată. Cu toate astea, nu ai ajuns până acum pe acolo. Ţi-ai promis că de mâine îţi vei schimba stilul de viaţă, vei renunţa la sucuri şi vei mânca sănătos. Ai decis că de săptămâna viitoare vei dormi mai mult în fiecare noapte. Perioadele stabilite au trecut, iar tu nu ai reuşit să realizezi nimic din ceea ce ţi-ai propus. Totuşi, te consolezi cu gândul că vei face asta, din nou, de săptămâna viitoare. Amânând şi întârziind să faci ceea ce ţi-ai promis ţie însuţi că vei îndeplini, îţi compromiţi sănătatea fizică. Nici sănătatea mentală nu va fi mai puţin afectată de procrastinare. Avalanşa de emoţii şi gânduri negative ce apare în legătură cu propria persoană îţi afectează destul de mult părerea despre tine, îţi scade stima de sine, sentimentul de valoare, ducând chiar la depresie.

Îţi afectează relaţia. În general, în relaţie, ambii parteneri au diverse sarcini de îndeplinit. Deseori, amânarea este un factor declanşator al conflictelor. Sigur că dacă partenerul tău îşi face treaba la timp, are aceleaşi aşteptări şi din partea ta. Această tendinţă de tergiversare poate afecta stabilitatea şi echilibrul relaţiei pentru că îndeplinirea activităţilor din partea partenerilor reprezintă o dovadă de responsabilitate şi implicare, iar amânarea acestor activităţi poate fi percepută de cel de lângă tine ca o lipsă de interes şi poate conduce către reproşuri şi situaţii neplăcute, tensionate.

Cauzele amânării

Există două tipuri de cauze care pot sta la baza amânării. **Cauzele psihologice** şi **cauzele fiziologice.**

Cauzele psihologie sunt multiple şi, deseori, legate de probleme ca lipsa pasiunii sau diverşi factori afectogeni apăruţi ca mecanisme de apărare împotriva fricii interne şi a anxietăţii. Un om care nu este pasionat de ceea ce face va tinde mereu să amâne lucrurile, încercând să câştige timp pentru el, timp pe care îl utilizează pentru a se relaxa ori pentru a întreprinde alte activităţi care îi fac plăcere, îl încântă şi îi aduc satisfacţie. Uneori, amânarea apare ca o consecinţă a fricilor noastre. Frică de succes, frică de eşec, frică de critică, frică de judecată, frică de ridicol. Succesul ar presupune mai multă muncă şi responsabilităţi în plus, eşecul este dureros şi ne strică imaginea de sine, iar, uneori, pur şi simplu, amânăm lucrurile pentru că nu ne simţim capabili şi încrezători în propriile forţe, ne este frică de situaţiile în care am putea fi puşi şi de ceea ce ar crede ceilalţi despre noi. Volumul mare de muncă poate, de asemenea, duce la tergiversare, pentru că, de multe ori, acest lucru ne face să ne simţim copleşiţi de situaţie, trăim cu impresia că nu vom reuşi niciodată să ducem la îndeplinire toate sarcinile la termen şi, plecând din start cu acesta convingere, gândim că nu are rost să ne supunem unor chinuri inutile.

O altă cauză psihologică care determină apariția amânării își are proveniența în perioada copilăriei. Dacă ai fost crescut de părinți care sufereau de „mania controlului", șansele de a adopta acest comportament nociv sunt mai ridicate, din cauza faptului că nu ai avut parte de libertate și nu ai învățat cum poți prioritiza sarcinile. Un copil care nu a avut libertatea de a alege și de a decide nu are șansa de a învăța cum să se descurce în situații uzuale. Iar acest comportament distructiv se dezvoltă pe parcursul anilor.

Cauzele fiziologice sunt legate de zona cortexului prefrontal al creierului. Această zonă ne ajută să filtrăm stimulii și controlează funcția de planificare. Atunci când activitatea la nivelul cortexului prefrontal este redusă ori există leziuni, apar dificultăți în ceea ce privește filtrarea stimulilor externi și, deseori, acest lucru va rezulta în slaba capacitate de organizare și într-un nivel scăzut de atenție.

Cum controlezi amânarea

Fericirea nu este doar o himeră și dacă îți dorești să trăiești clipe de extaz, atunci convinge-te că este util să te cunoști pe tine! Nu poți deschide drumul spre progres dacă eviți confruntarea cu lumea interioară. Doar descoperind aspectele din culise vei fi capabil să preiei controlul asupra vieții tale și să schițezi o realitate fantastică. O etapă importantă în acest proces este combaterea acestor comportamente de autosabotare. În cazul amânării, este necesar să:

Conștientizezi că ai tendința de a amâna lucrurile. Sinceritatea față de propria persoană este necesară pentru a cunoaște fericirea ș dacă recunoști că îți place să amâni, atunci ai făcut un pas înainte. Dacă, însă, nu eşti conştient de acest comportament, află că el se manifestă astfel:

- *Îți umpli ziua făcând lucrurile cele mai neimportante de pe lista ta.*
- *Citeşti e-mailuri de mai multe ori pe zi fără să încerci să rezolvi situațiile sau să te decizi ce să faci cu ele.*
- *Te aşezi la birou pentru a începe o activitate şi după câteva minute te ridici pentru a-ți face o cafea sau un ceai.*
- *Te aşezi la birou pentru a începe o activitate şi în secunda doi eşti pe rețelele de socializare şi îți verifici e-mailurile sau vizionezi filmulețe haioase.*
- *Accepți deseori să realizezi sarcini neimportante pe care alții ți le cer şi amâni să îndeplineşti obiectivele importante şi urgente de pe lista ta.*
- *Aştepți acel moment potrivit sau acea dispoziție necesară propice îndeplinirii cu succes a sarcinilor tale.*

Dacă te recunoşti în una sau mai multe din situațiile prezentate, probabil că este cazul să reflectezi puțin şi să conştientizezi faptul că eşti o victimă a amânării.

Descoperi cauzele care stau la baza amânării tale. Faptul că amâni lucrurile poate depinde atât de tine, cât şi de lucrul în sine. Dar este important să înțelegi care din cele două este relevant într-o situație anume pentru a putea selecta cea mai bună abordare pentru a depăşi reticența de a continua. Ți-am prezentat deja cauzele apariției acestui comportament, aşa că nu trebuie decât să identifici care te reprezintă. Pentru a nu te încurca în detalii, voi repeta ceea ce am scris mai sus.

Unul dintre motivele pentru care oamenii amână este acela că găsesc activitatea respectivă ca fiind neplăcută şi, de aceea, evită din răsputeri să o înceapă. Acest lucru se întâmplă, în principal, atunci când lucrezi într-un domeniu care nu te pasionează sau atunci când există anumite aspecte neplăcute ale slujbei tale. De aceea, este foarte important să îţi descoperi pasiunea şi să faci o muncă ce îţi aduce satisfacţie.

Alt motiv al procrastinării este acela că oamenii sunt dezorganizaţi. Cei organizaţi reuşesc să reziste tentaţiei de a amâna pentru că ei ştiu să prioritizeze şi au liste cu sarcini pe care le urmează întocmai. Ei ştiu să împartă obiectivele şi sarcinile în paşi mici pe care îi urmează cu uşurinţă. De asemenea, ei aproximează timpul necesar rezolvării fiecărei sarcini în parte şi astfel reuşesc să îndeplinească totul la timp.

Chiar dacă eşti organizat, uneori, te poţi simţi **copleşit** de multitudinea de sarcini. Acest lucru poate avea drept cauză convingerea că nu eşti capabil sau nu deţii abilităţile necesare pentru a îndeplini ceea ce ai de făcut. Din nefericire, aceste sarcini nu dispar pur şi simplu, aşa că nu le poţi evita la nesfârşit. De asemenea, poate interveni teama de eşec sau teama de succes. De exemplu, gândeşti că dacă îţi vei îndeplini obiectivele şi vei avea succes, vei avea, de asemenea, şi responsabilităţi în plus, iar volumul muncii tale va creşte.

Surprinzător, **perfecţioniştii** se confruntă des cu tergiversarea, deoarece gândesc că nu deţin resursele sau abilităţile necesare pentru a îndeplini perfect acea sarcină în momentul respectiv, aşa că nu o mai fac deloc.

O posibilă cauza a procrastinării ar putea fi şi faptul că nu ai formată abilitatea de a lua decizii, probabil, din cauza unor părinţi obsedaţi de control şi hiperprotectivi. Iar atunci când nu ştii cu ce să începi şi nu te poţi decide, există şansa de a renunţa complet sau de a lua o decizie bazată pe temeri şi îndoieli.

Adopţi strategii anti-amânare. Amânarea este un obicei. Un pattern comportamental adânc înrădăcinat în subconştient. Iar asta înseamnă că nu poate fi distrus ori schimbat peste noapte. Obiceiurile încetează să mai fie obiceiuri doar atunci când nu le mai practici. De aceea, este necesar să foloseşti cât mai multe strategii posibile pentru a maximiza şansele de a învinge procrastinarea. Sper că aceste strategii te vor motiva si te vor ajuta să preiei controlul asupra amânării. Iată ce poți folosi:

Metoda recompensei. Suntem mai motivați să ducem la îndeplinire un obiectiv atunci când ştim că la final ne aşteaptă o recompensă. Această metodă funcționează pentru majoritatea dintre noi, aşa că nu ai nimic de pierdut dacă încerci! Promite-ți că te vei răsplăti după fiecare sarcină pe care o îndeplineşti, cu o scurtă pauză sau orice altă activitate pe care o faci cu pasiune. Este foarte important să alternezi un lucru neplăcut cu unul plăcut. Cel care îți place te umple de sentimente pozitive şi de energie.

Metoda monitorizării. Roagă pe cineva să îți monitorizeze activitatea, să te controleze la un anumit interval de timp. Presiunea permisă, aceea care se face cu acordul nostru, poate avea efecte benefice. Este foarte eficientă şi, deseori, folosită în grupurile pentru persoane cu probleme de greutate.

Metoda consecințelor. Uneori, ajută foarte mult să te gândeşti la consecințele negative ale neîndeplinirii sarcinilor. Cum te-ar face asta să te simți şi cum crezi că ai fi perceput de către ceilalți? Ruşinea, nemulțumirea, anxietatea, frustrarea, vinovăția şi eticheta de „persoană neserioasă” nu îți vor cultiva un respect sănătos față de sine.

Dacă amâni pentru că eşti dezorganizat, iată ce poți face pentru a reuşi să îți duci la îndeplinire obiectivele:

Ține la vedere o to-do-list pentru a-ți reaminti constant care sunt sarcinile importante pe care le ai de îndeplinit.

Împarte sarcinile în ***urgente/importante*** pentru a te ajuta să prioritizezi lista şi pentru a evita să te sustragi de la un lucru important pentru a îndeplini un obiectiv minor.

Împarte fiecare sarcină în ***paşi mărunţi*** pentru a evita să te pierzi în detalii, să devii copleşit şi să renunţi.

Setează-ţi ***limite de timp*** pentru fiecare sarcină în parte. În felul ăsta, nu vei mai avea timp pentru procrastinare.

Concentrează-te pe ***fiecare sarcină în parte.***

SCUZELE

Unul dintre cele mai comune motive pentru care oamenii eşuează în a se îndrepta către un viitor plin de strălucire este faptul că îşi inventează scuze. Scuzele, la fel ca dorinţele, se nasc în interior. Diferenţa dintre ele o reprezintă destinaţia. Dorinţele ne duc către îndeplinirea ţelurilor şi ne garantează momente plăcute, mărețe, pe când scuzele ne limitează, ne absorb puterea, ne determină să trăim vieți pline de confuzie şi regret, lipsite de scop şi de strălucire.

Scuzele sunt raţionalizări pe care le facem despre oameni, evenimente şi circumstanţe. Sunt motive pe care le inventăm pentru a ne justifica comportamentul, pentru a neglija o acţiune sau, pur şi simplu, pentru a nega responsabilitatea. În esenţă, scuzele au ca scop plasarea vinii unei probleme apărute în interior, pe o condiţie externă. Scuzele împiedică evoluţia sufletului.

Motivele pentru care inventăm scuze

Nu acţionăm şi inventăm scuze pentru că:

Inimile noastre sunt pline de teamă, ne este frică de responsabilitate, de eşec, de succes, de critică, de judecată, de nou etc.

Suntem lipsiţi de încredere în propria persoană, trăim cu convingerea că nu suntem suficient de buni, de străluciţi, de măreţi pentru a reuşi. Ne creăm singuri limitele.

Scuzele sunt forme de autosabotaj care ne îndepărtează de ideea de viaţă împlinită şi plină de succes. Ele ne determină să ne mulţumim cu puţin doar pentru a putea suporta viaţa. Pe parcursul vieţii, inventăm milioane de scuze, care mai de care mai ipocrite şi mai sofisticate, doar pentru a refuza să facem ceva. Mergem pe principiul lui „dacă", refuzând să credem că tot ce e după „dacă", de fapt, nu există.

Consecințele scuzelor

O viață trăită prin prisma scuzelor este o viață care respinge iubirea de sine. Iar iubirea de sine îți asigură liniştea mentală şi un viitor care îți dă aripi. Scuzele nu numai că te împiedică să îți atingi potențialul maxim, dar, de asemenea, te împiedică să dezgropi comorile interioare, să îți valorifici resursele sub forma talentelor şi abilităților, şi te determină să ratezi oportunități. Este foarte important să încetezi să îți construieşti pilonii existenței tale pe o fundație creată din scuze, pentru că ei se vor prăbuşi la prima furtună. Învață să acționezi, căci, dacă nu te provoci să atingi culmi, nu vei şti niciodată de ce eşti capabil. Oportunitățile se ascund peste tot şi, dacă nu ai mintea limpede, nu reuşeşti să le vezi, iar consecințele sunt dezastruoase. Printre ele se numără şi:

- *Lipsa de responsabilitate;*
- *Credințe limitatoare;*
- *Regrete;*
- *Viziune pesimistă asupra vieții;*
- *Paranoia;*
- *Bariere imaginare ce înconjoară zona de confort;*
- *Blocaje mentale care înăbuşă acțiunea şi creativitatea.*

Ca să poți învinge scuzele şi să trăieşti în armonie cu propria ființă, este foarte important să devii conştient de ele, dar şi de efectele lor nocive. Şi cum altfel o poți face dacă nufolosind metoda întrebărilor? Întreabă-te:

Ce scuze am tendința să inventez?

Ce încerc să evit inventând aceste scuze?

De ce creez, de fapt, aceste scuze?

Cum mă împiedică aceste scuze să evoluez?

Cum îmi înăbuşă scuzele abilitatea de a obține tot ceea ce îmi doresc?

Tipuri de scuze

Există diferite tipuri de scuze pe care le folosim pentru a ne justifica pasivitatea şi pentru a ne motiva delăsarea, lipsa de acțiune, lipsa de concentrare, lipsa de disciplină şi eşecul.

Cele mai comune scuze sunt:

„Nu am timp". Timpul este acelaşi pentru toată lumea. Ziua are 24 de ore pentru mine, pentru tine, pentru orice ființă care trăieşte pe pământul acesta. Şi atunci, de ce unii dintre noi sunt mai productivi decât alții? De ce unii au rezultate spectaculoase şi alții lasă în urma lor urme slabe care se se vor şterge treptat? Cei care au parte de realizări şi îşi duc la îndeplinire majoritatea obiectivelor sunt cei care cunosc valoarea timpului. Sunt cei care ştiu să prioritizeze, să se organizeze şi să învingă procrastinarea. Dacă nu ai timp azi, nu o să ai nici mâine, ziua tot atâtea ore va avea, nimic în plus, nimic în minus. Dacă nu acționezi azi, nu o vei face niciodată. La o analiză mai atentă, ai să constați că, de fapt, ai suficient timp, timp pe care îl iroseşti făcând orice altceva decât activitățile care îți garantează succesul. Fii sincer cu propria persoană! Chiar nu ai timp sau te ascunzi în spatele acestei scuze?

„Nu am suficienți bani". Sigur că ar fi o dovadă de ipocrizie să negăm faptul că banii nu ne-ar ajuta să ajungem mai ușor acolo unde ne dorim pe scara evoluției. Dar, dacă nu ai suficienți bani, nu ai vrea să încerci să îi obții? Foarte mulți oameni au pornit în călătoria către succes exploatându-și resursele interioare, fără a deține bani, averi, posesiuni. Dacă vei continua să invoci această scuză, atunci, probabil, nu vei avea niciodată suficienți bani și, în consecință, nu vei acționa. Adevăratul învingător este cel care se descurcă cu ceea ce are, acolo unde este.

„Nu am educație". Dacă nu ai avut șansa de a beneficia de o educație aleasă nu înseamnă că îți lipsește creativitatea sau potențialul, ci doar că îți ascunzi dorința și inspirația în spatele acestei scuze. Există destui oameni care au întâlnit fericirea prin autoeducație și suficienți oameni care au școli alese și, totuși, sunt lipsiți de înțelepciunea necesară pentru a transforma rănile emoționale în învățături. Poți alege în fiecare clipă să îți sporești vitalitatea spirituală prin acumularea de cunoștințe pe cont propriu. În ziua de azi, informația este mai accesibilă decât oricând în istorie, așa că de ce să nu profiți?

„Sunt prea tânăr sau prea bătrân". Îmi permit să îmi mențin convingerea cum că vârsta este doar un număr. Nu ești niciodată prea tânăr sau prea bătrân pentru a-ți îndeplini obiectivele și pentru a obține prietenia Universului. Anton Cehov spune: „Omul este ceea ce crede el că este". Așadar, convinge-te că ești prietenul tău cel mai bun, indiferent de vârstă sau de statutul tău și încetează să te mai pedepsești limitându-te fără motiv! Este suficientă fericire pentru fiecare!

„Nu știu cum". Această scuză ne ajută să supraviețuim, nicidecum să trăim. Ea distruge visurile și nimicește oportunitățile. Nu ne-am născut învățați, dar deținem capacitatea de a acumula informații. Dacă nu ştii cum să acţionezi pentru a găsi ieşirea dintr-o viaţă care te leagă şi te doboară, cere ajutorul celor care au făcut asta deja, găseşte-ţi un mentor şi fă-ţi un plan de acţiune pe care să îl urmezi. Nimic nu este imposibil atunci când renunţi la scuze şi alegi să îţi revendici fericirea.

„Nu mă pot schimba". Nimic nu este static în lumea asta, cu atât mai puţin tu. Trăim într-o lume în continuă transformare, iar schimbarea este inevitabilă. Deşi ne dorim stabilitate şi confort, circumstanţele şi împrejurările aduc în vieţile noastre lucruri noi. Şi, chiar dacă pretinzi că nu te poţi schimba, în fiecare clipă eşti supus transformării. Trăieşti cu iluzia „conservării" când tu, de fapt, te metamorfozezi continuu. *„Nu mă pot schimba"* este o scuză prin care îţi motivezi lipsa dorinţei de a evolua şi de a-ţi extinde înţelegerea asupra propriei fiinţe şi asupra lumii exterioare. Lasă-te purtat pe valul schimbării şi gândeşte-te la consecinţele acestei acţiuni! Aplică metoda întrebărilor. Întreabă-te:

Dacă aş face o schimbare, cum mi-ar afecta acest lucru viaţa, săptămânile, lunile şi anii ce mă aştepta?

Cum m-aş simţi?

Cum mi-ar afecta acest lucru relaţiile cu ceilalţi?

Cum mi-ar afecta acest lucru sănătatea?

Cum mi-ar afecta acest lucru cariera?

Ce consecinţe negative ar apărea dacă nu aş face aceste schimbări?

„Îmi este frică de eşec". Frica ne paralizează, ne ţine ancoraţi în trecut, ne determină să mergem continuu în cerc, fără speranţă. Frica de eşec îi împiedică pe cei mai mulţi dintre noi să atingă cea mai înaltă perspectivă a vieţii lor prin faptul că nu le permite să acţioneze şi să renunţe la comoditatea ce le este atât de familiară. Ni se inoculează de mici ideea că a comite greşeli reprezintă o dovadă de slăbiciune şi că este necesar să facem totul perfect. Nu e de mirare că preferăm să rămânem pasivi decât să participăm activ la construirea şi consolidarea propriei vieţi. Frica de eşec te transformă într-un sclav şi, de aceea, este foarte important să înţelegi că este uman să greşim şi că fiecare eşec ne transmite o lecţie importantă care ne ajută să mergem mai departe pe drumul evoluţiei şi să revendicăm partea de Univers care ni se cuvine. Învinge-ţi frica şi renunţă la scuze!

„Nu este momentul oportun". Uneori, chiar nu este momentul potrivit pentru a face ceea ce ne dorim. Spre exemplu, nu ne putem îndeplini dorinţa de a schimba vara, trebuie să aşteptăm venirea iernii pentru a face asta. Dar, în general, folosim această afirmaţie drept scuză pentru a raţionaliza lipsa noastră de acţiune şi pentru a ne justifica pasivitatea. De cele mai multe ori, momentul oportun pe care îl aşteptăm întârzie să apară, păstrându-ne ideile în stadiul de dorinţe. Avem tendinţa de a da vina pe circumstanţe, când benefic ar fi să conştientizăm că momentul potrivit este chiar **acum**.

„Nu va funcţiona". O vorbă spune că gândurile sunt strămoşii cuvintelor. Dacă gândeşti negativ, limbajul tău va fi format preponderent din cuvinte negative care vor provoca stări sufleteşti deloc plăcute. Iar când gândurile, limbajul şi sentimentele fac front comun, se nasc circumstanţe pe măsură. Cum poţi spune că ceva nu va funcţiona dacă tu nici măcar nu ai încercat? Sigur că eşecul altor oameni care au apucat-o pe aceeaşi cale poate fi descurajant, dar sunt convinsă că eşti conştient de faptul că fiecare este construit diferit şi că succesul presupune risc, efort şi motivaţie. Unde este motivaţia ta?

„Nu sunt inspirat". Nu ai inspiraţie pentru că nu eşti disciplinat şi pentru că nu te preţuieşti aşa cum se cuvine. Nu poţi pretinde să ţi se deschidă lacătele gândirii şi să se elibereze cantităţi imense de inspiraţie creatoare, când în jurul tău e haos, când iubeşti butoanele telecomenzii, când eşti prieten bun cu trândăveala şi când îţi privezi organismul de somn, de hrană sănătoasă şi de mişcare. Dacă îndepărtezi orice distracţie, dormi suficient, mânânci sănătos şi faci puţin sport, sunt foarte mari şanse ca nivelul tău de energie să crească, mintea ta să se limpezească şi inspiraţia să înflorească. Ştii şi tu asta, însă e mai comod să „nu ai inspiraţie"...

Cum elimini scuzele din viaţa ta

Scuzele duc la stagnare şi la o viaţă plină de regrete. Scuzele îţi provoacă leziuni sufleteşti, te menţin în zona de confort şi îţi dau impresia de libertate. Din nefericire, nu este o libertate nouă, purificantă, ci o libertate limitată. Prin scuze îţi creezi în jurul tău un teritoriu înconjurat de capcane şi bariere invizibile, în interiorul căruia avansezi sau te retragi. Pentru a cunoaşte fericirea, este necesar să treci dincolo de acest teritoriu şi să descoperi o regiune nouă, lipsită de îngrădire, unde totul îţi este permis. Pentru a sparge acest sistem de apărare format din scuze este nevoie să explorezi tărâmuri noi, necunoscute. Libertatea înseamnă, în fapt, o alegere bruscă, urmată de acţiune imediată. Dincolo de scuze, zace în tine o dorinţă ascunsă de afirmare personală, o dorinţă puternică de a-ţi face propria existenţă importantă, de a sparge tiparele şi de a da mâna cu fericirea. Permite-ţi să trăieşti bucuria unei călătorii în necunoscut şi senzaţia de a fi căpătat aripi!

Vei reuşi să pui punct suferinţei, umilinţei, disperării şi lipsei de orizont doar atunci când te vei hotărî că este momentul să scapi de scuzele care te împiedică să evoluezi. Şi, dacă ceea ce ai citit până acum te-a convins, dacă îţi doreşti să duci un trai echilibrat, optimist şi încrezător, dacă îţi doreşti să fii propriul dirijor al vieții tale, atunci învață să învingi scuzele! **Așadar, poți trăi o viață armonioasă dacă reușești să:**

Eviți comparațiile. Avem tendința de a ne compara constant cu ceilalți. Știm că nu este benefic și, totuși, nu ne putem opri. Ca și cum o forță supranaturală pune stăpânire pe interiorul nostru și scoate la suprafață tot ceea ce este rău sau lacunar. Ne creăm singuri realitatea, mai întâi în imaginație, iar apoi o reprezentăm în cotidian. Dacă îți cauți defecte și te compari permanent cu alții, îți distrugi stima de sine. Și cum ai putea evolua când tu îți persiflezi propria ființă și te concentrezi mereu pe a descoperi oameni mai buni, mai frumoși, mai deștepți, mai împliniți, mai realizați decât tine? Nu vezi că ești suficient așa cum ești? Privește frumusețea din tine, deții toate resursele necesare pentru a ajunge acolo unde îți dorești! Folosește-te de ele! Compară-te doar cu sinele tău! Alte comparații sunt inutile. Dacă în eforturile tale mărețe îți depășești sinele superior, atunci ai toate șansele să ajungi în vârf.

Evită să trăiești în trecut. Îi știi pe oamenii aceia veșnic nemulțumiți, care se gândesc continuu la vremurile trecute și la cât de bine era cândva? Persoanele acelea care au un mod simplist de gândire, care nu se pot dezlipi de ceea ce a fost pentru a accepta ceea ce va veni? Aceia care nu știu cum să devină mai adaptativi? Nu vreau să fii unul dintre ei! Sigur că fiecare dintre noi are momente în care se gândește cu nostalgie la experiențele trăite cândva, dar, dacă privești mereu în urmă, de unde crezi că vei mai avea energie pentru a trăi în prezent? Când retrăiești trecutul sunt foarte mari șanse să experimentezi regretul și să te întrebi „cum ar fi fost dacă...”. Nu mai are importanță ce s-a întâmplat cândva, tu nu ești suma eșecurilor tale! Poate că trecutul este format din greșeli și rătăciri, dar viitorul este curat ca lacrima. Nu contează de unde vii, ci încotro mergi! Și îți poți crea un viitor minunat concentrându-te asupra clipei prezente. Tot ceea ce țeşi acum în mintea ta se va concretiza în experiențe viitoare. Descurcă-te cu ceea ce ai, acolo unde eşti! Învață din greşelile trecutului, dar nu le folosi pentru a crea o enciclopedie de scuze, foloseşte-le pentru a scrie cea mai frumoasă pagina din cartea vieții tale.

Îți adresezi întrebări. Nu voi renunța niciodată la ideea că cea mai bună metodă prin care poți învăța să foloseşti viața pentru a fi fericit este metoda întrebărilor. Întrebările te ajută să îți explici elemente de viață cotidiană, detalii de viață personală, secvențe existențiale şi chiar să faci o suavă anticipare a ceea ce va veni. Cu ajutorul întrebărilor poți descoperi că sufletul nu este un loc întunecat, singuratic, că tu nu eşti doar o biată făptură fără aripi, ci eşti copilul Universului. Iar Universul îți dăruieşte numeroase oportunități de care trebuie să profiți.

În momentul în care te surprinzi inventând scuze, întreabă-te:

Cât de tare îmi doresc să se întâmple acest lucru?

De ce nu am acum ceea ce îmi doresc?

Care sunt scuzele ce îmi stau în cale?

Este acesta un motiv autentic sau pur şi simplu o scuză?

Dacă este o scuză, ce îmi lipseşte în momentul de față?

Ce îmi trebuie pentru a trece peste scuze?

Care este pasul pe care trebuie să îl fac în continuare pentru a ajunge mai aproape de obiectivele propuse?

Concentrează-te pe soluții şi oportunități. Când inventăm scuze, deseori, ne concentrăm asupra problemelor, regretelor şi a eşecurilor noastre. Aşa cum am spus şi la capitolul despre probleme, avem tendința de a ne identifica uşor cu acestea. Evident că ne este dificil să înaintăm şi extrem de simplu să ne scuzăm pasivitatea. Pentru a eradica scuzele din viața ta trebuie să te concentrezi asupra soluțiilor, oportunităților şi a lucrurilor care funcționează. Reține acest principiu şi schimbă-ți perspectiva de fiecare dată când ai tendința de a inventa scuze.

Caută perspective alternative. Deseori, scuzele pe care le inventăm sunt rezultatul lipsei noastre de perspectivă. Pur şi simplu, nu ştim sau nu vrem să ştim care este imaginea de ansamblu. Pare căte-ai uita pe gaura cheii. Nu vei vedea niciodată întreaga cameră, ci doar o porțiune din ea. Iar, dacă porțiunea este plină de hârtii aruncate, vei presupune automat că toată camera este în această stare. Poate că restul camerei este curat şi fără pată, dar lipsa de perspectiva te îndeamnă să crezi că totul este un dezastru. Înainte de a inventa scuze, deschide bine ochii şi priveşte atent. Dacă privirea îți este încețoşată, înconjoară-te de oameni suportivi, proactivi, care au trecut cu bine peste experiențe asemănătoare. Cere-le părerea, roagă-i să îți ofere feedback şi acționează ca atare.

Asumă-ți responsabilitatea pentru greşelile şi eşecurile tale. Scuzele apar deseori, pentru că, pur şi simplu, nu vrem să ne asumăm responsabilitatea pentru actele noastre. Nu este benefic să căutăm vinovați pentru a ne justifica eşecurile. Nu este productiv să ne considerăm victime neajutorate. Viața este un dar, nu o povară, dar vei înțelege asta doar atunci când îți vei asuma trecutul, prezentul şi viitorul. Viața ta nu este construită pe baza ghinionului sau a norocului, viața ta are la bază propria-ți abilitate de a te adapta cu succes la condițiile schimbătoare ale vieții.

Învață din experiențele anterioare. Dacă trece viața pe lângă tine, iar tu nu înveți nimic din ceea ce ea îți oferă, atunci şi fericirea va trece pe lângă tine, iar tu nu te vei bucura de ea. În orice secundă, viața îți preda o lecție, despre frumos sau urât, despre atracție sau respingere, despre iubire sau ură. Dacă întorci privirea și îți astupi urechile, trăiești degeaba! Stai treaz și învață din orice, poate crezi că unele lecții sunt inutile, însă nu știi când vei avea nevoie de informațiile acumulate. Întreabă-te:

Ce pot învăța din această experiență?

Ce mă învață această experiență despre mine, despre viață și despre alții?

Cum pot folosi această experiență pentru a fi mai bun în viitor?

Ce acțiune pot întreprinde pentru a face un pas în direcția dorită?

Reține că nu există eșec, ci doar feedback și că destinul ți-l faci cu propriile mâini. Într-o lume frământată de instabilitate și neliniște, aparent într-o continuă degradare, singura persoană care te poate salva ești chiar TU! Dă-ți osteneala pentru a realiza ceea ce ți-ai propus, nu lăsa scuzele să te doboare și să îți frângă aripile!

FINAL

Nu există drum simplu, lin, fără obstacole. Oricât ne-am dori, nu putem fi mereu împăcați cu propria persoană. Până și cei mai puternici dintre noi alunecă pe panta sufletului uneori. Dar cei puternici reușesc pentru că au curaj. Iar curajul nu înseamnă să fii neînfricat, curajul înseamnă să știi să lupți cu fricile și să le depășești. Cei mai mulți dintre noi dau greș în a se confrunta cu neliniștea interioară și încercă să își umplă golurile sufletești cu recompense care să le aducă beneficii imediate. Și chiar dacă pe moment apele se limpezesc, acești oameni nu ajung să cunoască cu adevărat conceptul de fericire. Pentru că fericirea vine doar atunci când reușești să privești imaginea de ansamblu. Totul este temporar. Dacă acum ești sărac, nu înseamnă că așa vei fi pentru totdeauna. Dacă nu ai parte de succes sau de iubire, nu însemnă că nu le vei experimenta niciodată. Începe de acum să te gândești la viitorul tău, fă-ți prezentul mai plăcut, acumulează informații, experimentează, nu te lasa doborât de obstacolele care îți ies în cale! Acționează pentru a crea circumstanțe de pe urma cărora vei avea de câștigat pe termen lung! Nu permite loviturilor sorții și tragediilor să te doboare, fii un învingător!

Viața nu este mare filozofie. Este chiar simplă, doar că nouă ne place să o complicăm și să ne transformăm în propriul nostrudușman. Nu poți fi învins de nimeni în afară de propria persoană! Încetează să te mai lupți cu tine, iubește-te și permite-ți să trăiești o viață plină de împliniri! Pentru că doar așa vei reuși să rămâi în picioare!

Toate drepturile rezervate
www.artaeducatiei.com

BOOKZONE